对接世界技能大赛技术标准创新系列教材

技工院校一体化课程教学改革汽车维修专业教材

汽车电气简单故障检修（一）

中国劳动社会保障出版社

简介

本套教材为对接世赛标准深化一体化专业课程改革汽车维修专业教材，学习内容对接世赛汽车技术、车身修理、汽车喷漆项目，学习目标融入世赛要求，考核标准对接世赛技能标准，考核评价方法参照世赛评分方案，并设置了世赛知识栏目。

本书主要内容包括汽车充电指示灯亮故障检修、汽车起动机不工作故障检修、汽车前照灯不亮故障检修、汽车转向灯不亮故障检修和汽车仪表照明灯不亮故障检修等。

图书在版编目（CIP）数据

汽车电气简单故障检修．一/人力资源社会保障部教材办公室组织编写．--北京：中国劳动社会保障出版社，2022

对接世界技能大赛技术标准创新系列教材　技工院校一体化课程教学改革汽车维修专业教材

ISBN 978-7-5167-5265-4

Ⅰ.①汽…　Ⅱ.①人…　Ⅲ.①汽车－电气设备－车辆修理－技工学校－教材　Ⅳ.①U472.41

中国版本图书馆 CIP 数据核字（2022）第 048032 号

中国劳动社会保障出版社出版发行

（北京市惠新东街 1 号　邮政编码：100029）

*

北京市白帆印务有限公司印刷装订　　新华书店经销

880 毫米 ×1230 毫米　16 开本　10.75 印张　249 千字

2022 年 6 月第 1 版　　2025 年 6 月第 7 次印刷

定价：36.00 元

营销中心电话：400-606-6496

出版社网址：http://www.class.com.cn

http://jg.class.com.cn

对接世界技能大赛技术标准创新系列教材

本书编审人员

主　编：卫云贵

参　编：张爱玲　汤　娜

主　审：刘　锋

序

世界技能大赛由世界技能组织每两年举办一届，是迄今全球地位最高、规模最大、影响力最广的职业技能竞赛，被誉为“世界技能奥林匹克”。我国于2010年加入世界技能组织，先后参加了五届世界技能大赛，累计取得36金、29银、20铜和58个优胜奖的优异成绩。第46届世界技能大赛将在我国上海举办。2019年9月，习近平总书记对我国选手在第45届世界技能大赛上取得佳绩作出重要指示，并强调，劳动者素质对一个国家、一个民族发展至关重要。技术工人队伍是支撑中国制造、中国创造的重要基础，对推动经济高质量发展具有重要作用。要健全技能人才培养、使用、评价、激励制度，大力发展技工教育，大规模开展职业技能培训，加快培养大批高素质劳动者和技术技能人才。要在全社会弘扬精益求精的工匠精神，激励广大青年走技能成才、技能报国之路。

为充分借鉴世界技能大赛先进理念、技术标准和评价体系，突出“高、精、尖、缺”导向，促进技工教育与世界先进标准接轨，完善我国技能人才培养模式，全面提升技能人才培养质量，人力资源社会保障部于2019年4月启动了世界技能大赛成果转化工作。根据成果转化工作方案，成立了由世界技能大赛中国集训基地、一体化课改学校，以及竞赛项目中国技术指导专家、企业专家、出版集团资深编辑组成的对接世界技能大赛技术标准深化专业课程改革工作小组，按照创新开发新专业、升级改造传统专业、深化一体化专业课程改革三种对接转化原则，以专业培养目标对接职业描述、专业课程对接世界技能标准、课程考核与评价对接评分方案等多种操作模式和路径，同时融入健康与安全、绿色与环保及可持续发展理念，开发与世界技能大赛项目对接的专业人才培养方案、教材及配套教学资源。首批对接 19 个世界技能大赛项目共 12 个专业的成果将于 2020—2021 年陆续出版，主要用于技工院校日常专业教学工作中，充分发挥世界技能大赛成果转化对技工院校技能人才的引领示范作用。在总结经验及调研的基础上选择新的对接项目，陆续启动第二批等世界技能大赛成果转化工作。

希望全国技工院校将对接世界技能大赛技术标准创新系列教材，作为深化专业课程建设、创新人才培养模式、提高人才培养质量的重要抓手，进一步推动教学改革，坚持高端引领，促进内涵发展，提升办学质量，为加快培养高水平的技能人才作出新的更大贡献！

2020年11月

汽车维修专业一体化教学参考书目录（中级阶段）

序号	书名
1	汽车文化（第二版）
2	机械识图（第四版）
3	机械基础（第四版）
4	电工与电子技术基础（第四版）
5	汽车材料（第四版）
6	钳工技能训练（第四版）
7	汽车维修企业管理（第二版）
8	汽车发动机构造与维修（第二版）
9	汽车底盘构造与维修（第二版）
10	汽车电气设备构造与维修（第二版）
11	汽车维护与故障诊断（第三版）
12	汽车构造（第三版）
13	汽车维护
14	汽车空调
15	汽车电气设备（第二版）
16	汽车维修技术手册

汽车电气简单故障检修对应的学习任务

教材名称	对应的学习任务
汽车电气简单故障检修（一）	学习任务一　汽车充电指示灯亮故障检修
	学习任务二　汽车起动机不工作故障检修
	学习任务三　汽车前照灯不亮故障检修
	学习任务四　汽车转向灯不亮故障检修
	学习任务五　汽车仪表照明灯不亮故障检修
汽车电气简单故障检修（二）	学习任务六　汽车辅助约束系统（SRS）故障警告灯亮故障检修
	学习任务七　汽车刮水器不工作故障检修
	学习任务八　汽车电动车窗不升降故障检修
	学习任务九　汽车中控门锁失效故障检修

目　录

学习任务一　汽车充电指示灯亮故障检修

学习目标

1. 能掌握汽车电路基础知识。
2. 能描述电源系统的组成和安装位置。
3. 能进行电源系统的基本检查。
4. 能描述蓄电池的作用和组成。
5. 能描述蓄电池的类型和工作原理。
6. 能进行蓄电池的检查、充电和更换。
7. 能描述发电机的作用。
8. 能描述发电机的组成和工作原理。
9. 能描述发电机的类型。
10. 能进行发电机的检查和更换。
11. 能描述汽车充电电路的作用。
12. 能描述汽车充电电路的组成，并进行充电电路的识读。
13. 能分析并确定汽车充电电路的简单故障和原因。
14. 能进行汽车充电电路简单故障检修。
15. 能对维修场地设备进行日常维护保养，按“6S”管理规定要求清理现场。
16. 能对相关资料、互联网资源进行检索，完成检修工单和工作页的填写。
17. 能展示工作成果，进行任务评价，总结工作经验，优化检修方案。
18. 能在作业过程中严格执行企业操作规范、安全生产制度、环保管理制度，严格遵守从业人员的职业道德，具有吃苦耐劳、爱岗敬业的工作态度和职业责任感。

16 学时。

注：本书电路图参考《2016 款威朗汽车维修手册》，具体电路元器件使用方法可查阅该手册。

工作情境描述

在汽车行驶过程中，客户发现汽车仪表板上一个类似蓄电池外形图案的红色指示灯突然点亮，在按了几次仪表板上的按钮后，该指示灯仍然点亮而无法熄灭，于是该客户将汽车开往维修站维修。经班组长检查，初步判断是汽车电源系统故障引起充电指示灯点亮。汽车修理工需对汽车电源系统进行检查，根据维修手册相关要求，在规定时间内，参照维修资料完成汽车电源系统的检查与零部件的更换工作，自检合格后交付班组长验收。

工作流程与活动

1. 电源系统的认知（2 学时）
2. 蓄电池的检查与更换（2 学时）
3. 发电机的检查与更换（6 学时）
4. 汽车充电电路简单故障检修（4 学时）
5. 工作总结与评价（2 学时）

思维导图

- 学习任务一 汽车充电指示灯亮故障检修
  - 学习活动1 电源系统的认知
    - 汽车电路基础知识
      - 电压、电流和电阻
      - 电产生的类型
      - 串联电路与并联电路的区别
      - 短路与断路
      - 磁场
      - 汽车常用电子元器件
      - 汽车常用电器元件
    - 电源系统的组成和安装位置
    - 电源系统的常见故障
    - 电源系统的基本检查
  - 学习活动2 蓄电池的检查与更换
    - 蓄电池的作用和组成
      - 蓄电池的作用
      - 蓄电池的组成
    - 蓄电池的类型和工作原理
      - 蓄电池的类型
      - 蓄电池的工作原理
    - 蓄电池的常见故障
    - 蓄电池的检查、充电与更换
      - 蓄电池的检查
      - 蓄电池的充电
      - 蓄电池的更换
  - 学习活动3 发电机的检查与更换
    - 发电机的作用
    - 发电机的组成和工作原理
      - 发电机的组成
      - 发电机的工作原理
    - 发电机的类型
      - 按照发电机总体结构分类
      - 按照磁场绕组搭铁形式分类
    - 发电机的常见故障
    - 发电机的检查与更换
      - 发电机的检查
      - 发电机的拆卸
      - 发电机部件的检查
      - 发电机的组装及注意事项
      - 发电机装复后的检查
  - 学习活动4 汽车充电电路简单故障检修
    - 汽车充电电路的作用
    - 汽车充电电路的组成
    - 汽车充电电路的识读
      - 发电机工作电路
      - 充电电路
      - 充电指示灯控制电路
    - 汽车充电电路的常见故障
      - 分析故障原因
      - 制定检修方案
    - 汽车充电电路简单故障检修
      - 充电不良故障检修
      - 充电电流大故障检修
      - 充电电流小故障检修
  - 学习活动5 工作总结与评价
    - 工作总结
    - 综合评价
    - 学习任务一整体评价

学习活动 1　电源系统的认知

学习目标

1. 能掌握汽车电路基础知识。
2. 能描述电源系统的组成和安装位置。
3. 能进行电源系统的基本检查。

建议学时：2 学时。

学习过程

一、汽车电路基础知识

1．电压、电流和电阻

电压是衡量________________________，单位是______（A/V），测量电压常用的仪表是__________。万用表由表头、测量电路及转换开关三个主要部分组成。万用表不仅可以测量电阻，还可以测量交直流电压、晶体管的主要参数以及电容器的电容量等。在图 1–1–1 中标出测量电压时万用表与电路的连接路线。

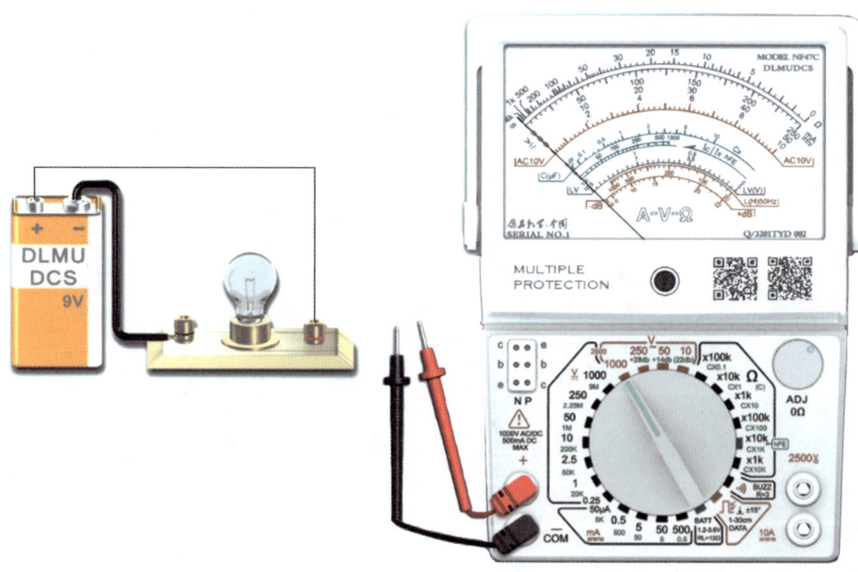

图 1–1–1　电压的测量

测量电压的注意事项有：____
____。

电流是______________________，单位是______（A/V），测量电流的注意事项有：______________
____。

电阻是______________________________________，单位是______（A/Ω），影响电阻的因素有：______________________。

根据图 1–1–2 所示，电阻、电压和电流之间的关系式为：______________。

图 1–1–2　电阻、电压和电流的关系

2．电产生的类型

查阅相关资料，将表 1–1–1 补充完整，了解电是如何产生的、电有哪些类型，并确认汽车上使用的电是__________（直流电 / 交流电）。

表 1–1–1　电产生的类型

电的产生	示意图	电的类型
蓄电池、干电池		直流电
发电机		
摩擦		

3．串联电路与并联电路的区别

根据图 1–1–3 和图 1–1–4 所示，写出串联电路与并联电路的区别及各自的特点。

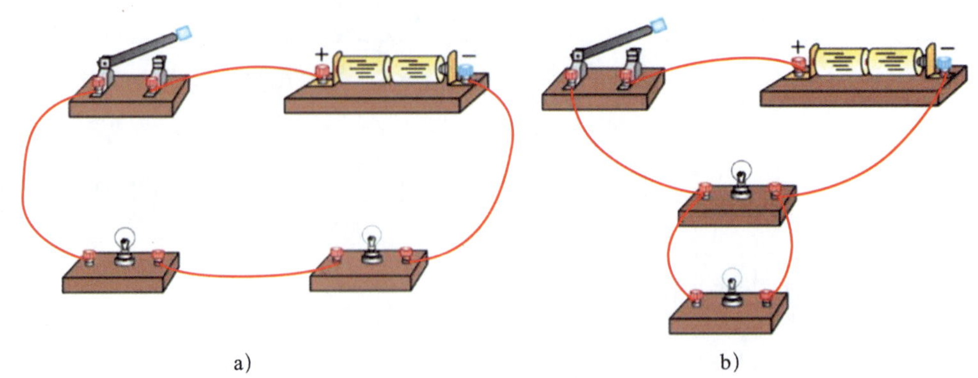

图 1-1-3　串联与并联

a）串联　b）并联

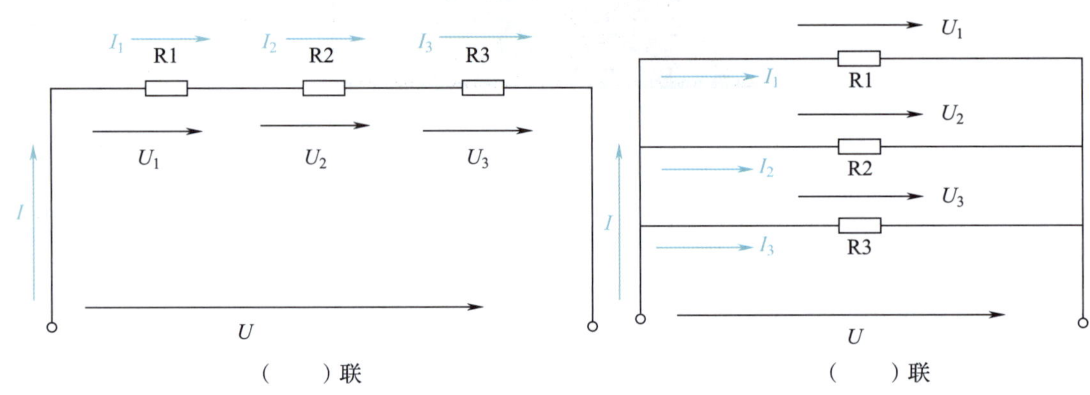

图 1-1-4　串联电路与并联电路

串联电路的特点：____

____。

并联电路的特点：____

____。

在待修汽车上观察蓄电池和发电机的连接方式为：__________。

4．短路与断路

短路电路的特点为：________________________________。

断路电路的特点为：________________________________。

5．磁场

如图 1-1-5 所示，磁场是指传递实物间磁力作用的场，这些磁力是有方向的，并且可以用磁力线描述，它们从 N 极分出，在 S 极汇合。如果将两个磁体的端部相对放置，会注意到________（同名 / 异名）磁极相互吸引，______（同名 / 异名）磁极相互排斥。

（1）磁体会产生磁场，带电导体周围也存在磁场。随时间变化的电场产生磁场，随时间变化的磁场产生电场，两者互为因果，形成________。

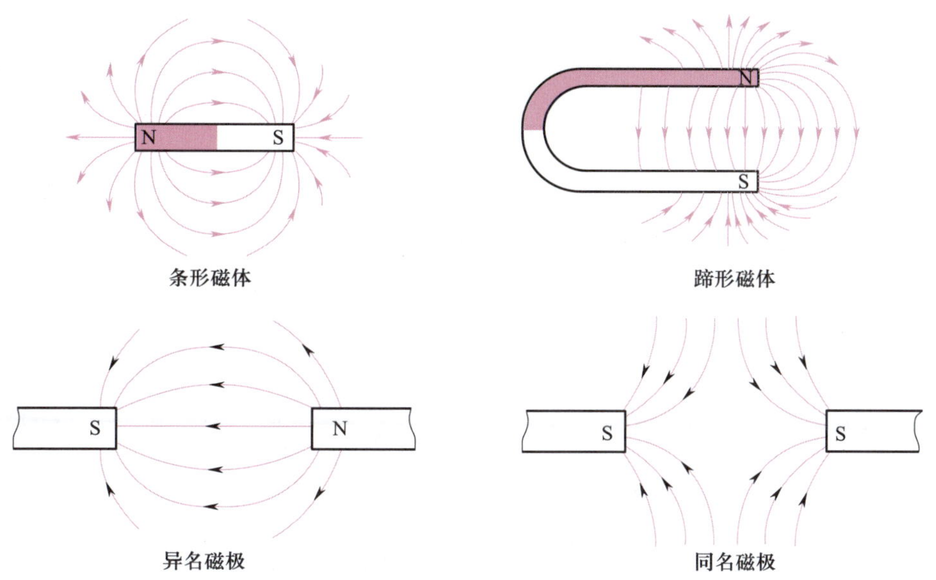

图 1-1-5　磁极之间的作用

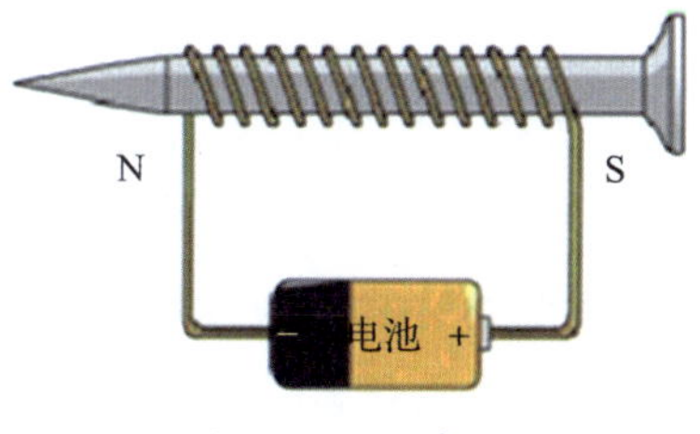

图 1-1-6　线圈

（2）如图 1-1-6 所示，如果导线为线圈式（绕线式），则磁场强度加强。磁场强度与线圈______和流经线圈电流的大小成正比。在线圈中央加入软铁芯可以增加磁场强度。这种组合常被用于电磁铁或电磁阀中。

（3）根据图 1-1-7，查阅相关资料，描述电磁感应现象。

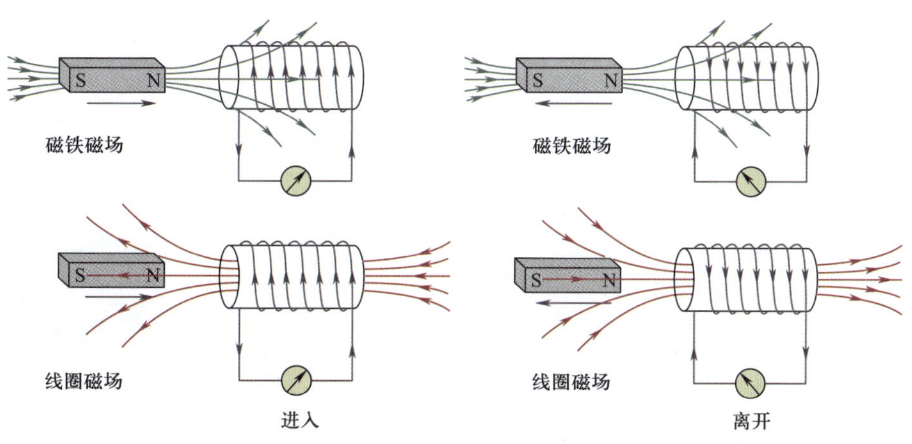

图 1-1-7　电磁感应现象示意图

6．汽车常用电子元器件

在表 1–1–2 中画出汽车常用电子元器件的图形符号，并写出它们的作用。

表 1–1–2　汽车常用电子元器件

名称	图形符号	作用	名称	图形符号	作用
三极管			二极管		
电阻器			电容器		

7．汽车常用电器元件

一个完整的电路由电源、开关、__________及导线组成，查阅相关资料，在表 1–1–3 中补充填写汽车上常用电器元件的名称及作用。

表 1–1–3　汽车常用电器元件

名称	作用	图示
汽车灯泡		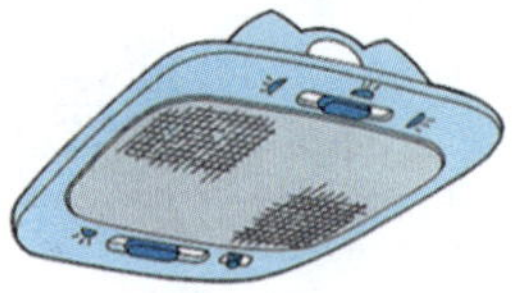
传感器加热器		

续表

名称	作用	图示
发电机		

喇叭		
		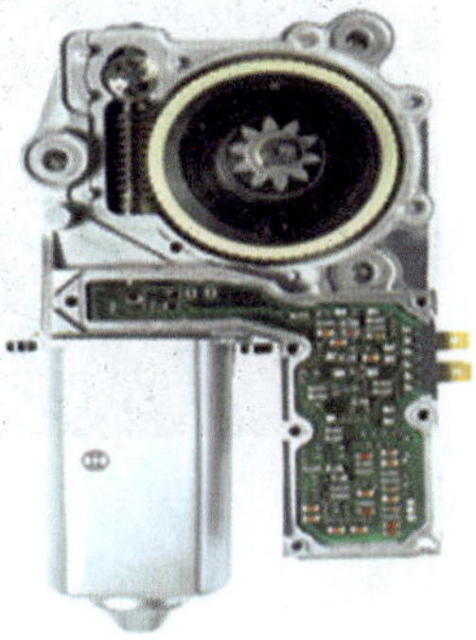

二、电源系统的组成和安装位置

图 1–1–8 所示为大众车系电源系统示意图。汽车电源系统的作用是______________________________，电源系统主要由蓄电池、点火开关、充电指示灯及________（起动机 / 发电机）等组成，在图 1–1–8 中填写各组成元件的名称。其中，发电机的 DFM 信号输送给__________（起动机控制单元 / 发动机控制单元），用于检测发电机的负载。

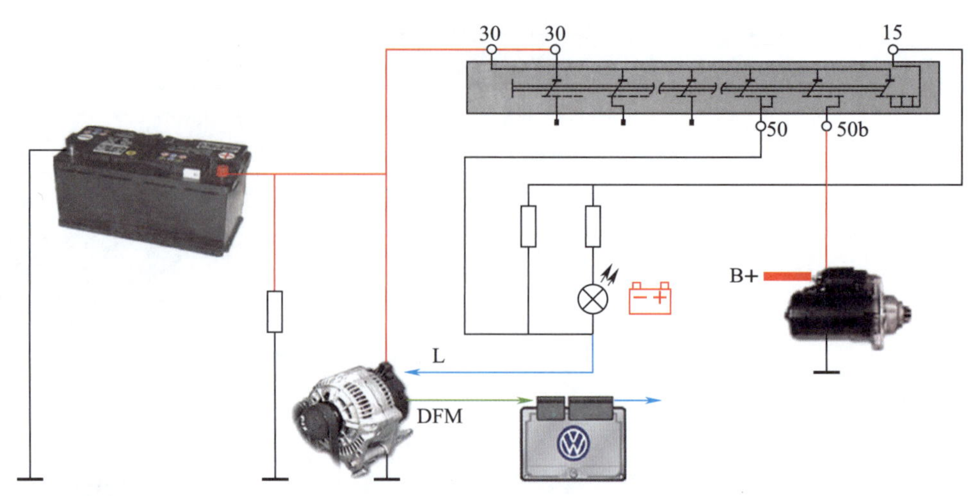

图 1-1-8　大众车系电源系统示意图

30—常火线端子　15—点火开关控制火线端子　50—起动机电磁开关端子　50b—起动机控制火线端子

L—充电指示灯控制端子　DFM—电器负载检测端子　B+—起动机常火线控制线端子

蓄电池的作用是____，发电机的作用是____。

如图 1-1-9 所示，在汽车仪表板上有一个类似蓄电池形状的红色指示灯（即充电指示灯），充电指示灯的作用是______________。该指示灯一般只在接通点火开关时亮起，表示车辆是由_________供电的。而在发动机起动后，供电工作交给了发电机，同时为蓄电池充电，则充电指示灯_________。

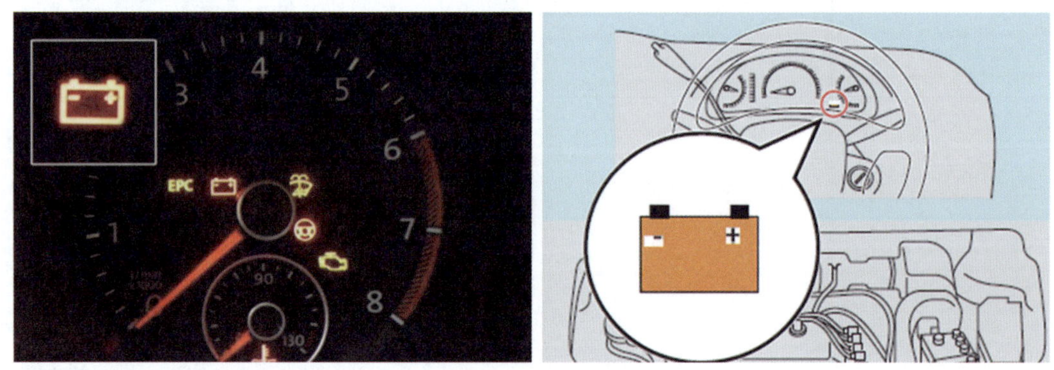

图 1-1-9　充电指示灯

充电指示灯不正常点亮现象包括汽车起动过程中不亮、行驶过程中异常点亮及常亮三种。如果在车辆行驶中或发动机运转时充电指示灯点亮，表示车辆的发电机及其线路有故障或_________线路有问题，此时应尽可能地关闭车上的非必需用电器件，然后将汽车开去维修站进行检修，以免蓄电池消耗电量过大导致汽车无法再次起动。

蓄电池一般安装在_________或行李舱内；发电机一般安装在发动机的_________，由传动带轮驱动；充电指示灯一般安装在仪表板上。

三、电源系统的常见故障

电源系统的常见故障有：电源系统不供电、蓄电池总是亏电、发电机不发电等，可能的故障原因有：____。

四、电源系统的基本检查

根据电源系统的常见故障及可能的故障原因，对照表 1–1–4，在待修车辆上进行电源系统各部件连接状态的基本检查，并将检查步骤补充完整。

表 1–1–4　　电源系统各部件连接状态的基本检查

序号	检查内容	图示	检查结果
1	检查蓄电池________极接线柱螺母的松紧状态	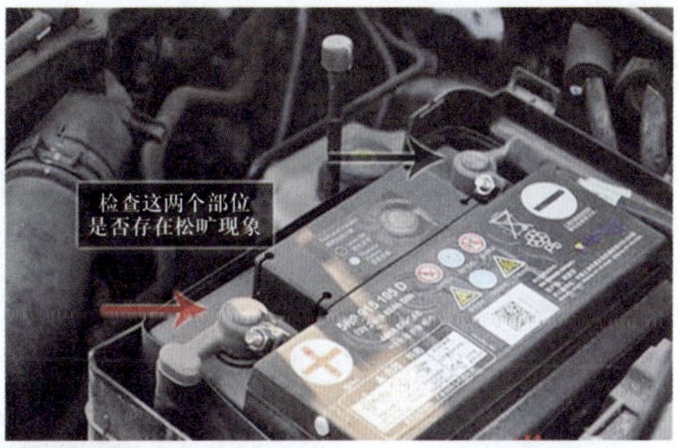 检查这两个部位是否存在松旷现象	□正常 □需拧紧
2	检查蓄电池的静态电压，正常值一般为________V	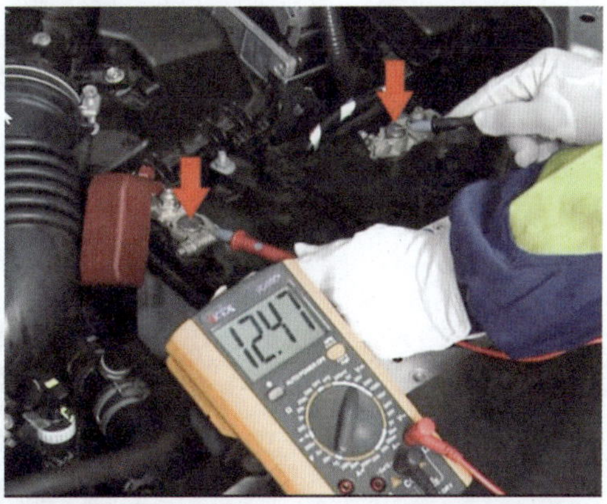 12.47	□正常 □不正常
3	检查蓄电池的起动电压，将点火开关置于“______”挡时，测量蓄电池电压，正常值为________V	 11.95	□正常 □不正常

续表

序号	检查内容	图示	检查结果
4	打开中央控制盒，检查熔丝及________	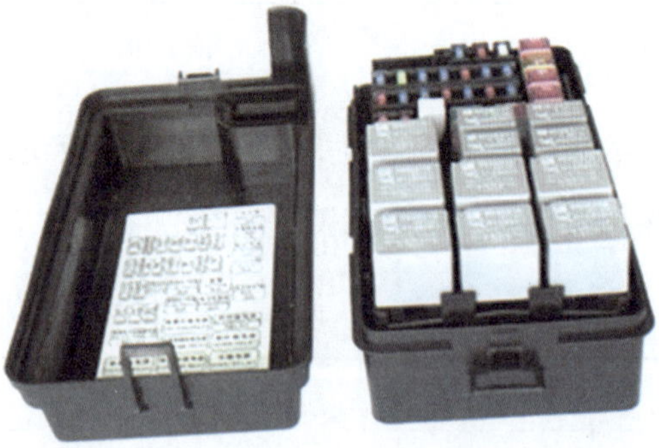	□正常 □需更换
5	检查发电机__________的连接状况	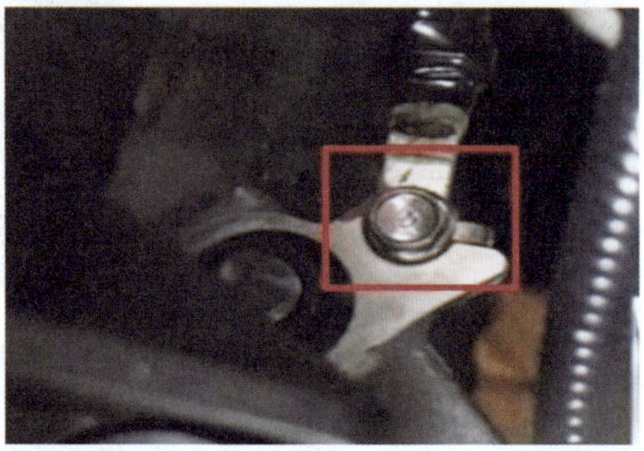	□正常 □需处理
6	检查发电机端子“_____”螺母拧紧状况、端子“L”与“DFM”的连接状态及________	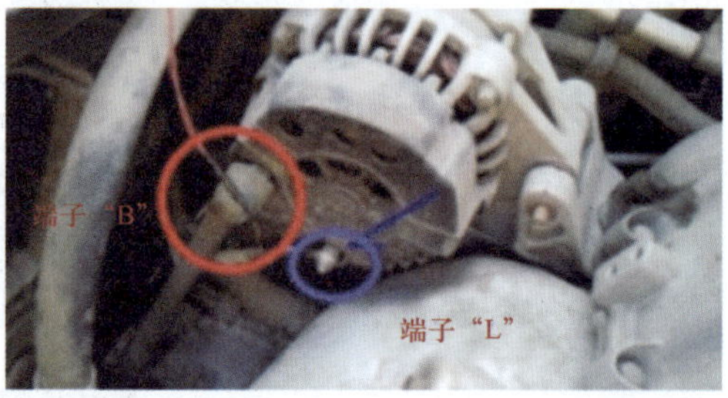 端子“B” 端子“L”	□正常 □不正常
7	检查发电机外观有无_____痕迹	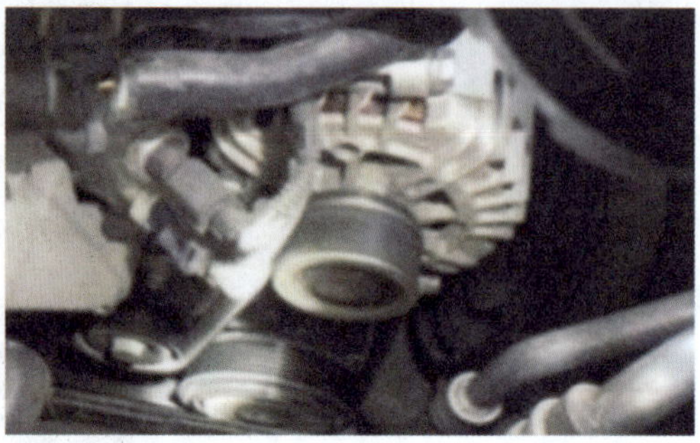	□正常 □需处理

续表

序号	检查内容	图示	检查结果
8	检查发电机输出电压及输出电流，输出电压约为＿＿＿＿＿＿，输出电流约为＿＿＿＿＿＿		□正常 □不正常
9	检查发电机传动带是否处于＿＿＿＿＿状态，确认电源系统处于正常状态，结束检查	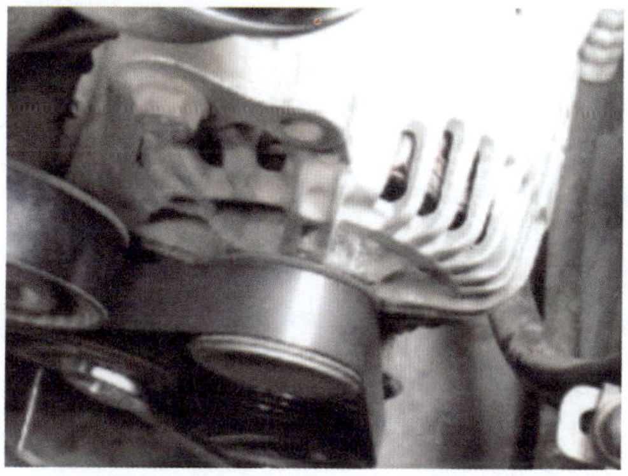	□正常 □不正常

五、学习活动评价

学习活动评价见表 1–1–5。

表 1–1–5　学习活动评价表

班级		姓名		学号		日期	年　月　日
序号	评价要点				配分	得分	总评
1	能正确识读和填写工作页，明确学习活动要求				10		A □（86 ~ 100 分） B □（76 ~ 85 分） C □（60 ~ 75 分） D □（60 分以下）
2	能查阅资料，描述汽车电路基础知识				10		
3	能查阅资料，写出电源系统的组成				10		
4	能查阅资料，指出电源系统的安装位置				10		
5	能查阅资料，写出电源系统基本检查的内容				15		

续表

序号	评价要点	配分	得分	总评
6	能按规范流程，完成电源系统的基本检查	15		A □（86～100 分） B □（76～85 分） C □（60～75 分） D □（60 分以下）
7	能遵守劳动纪律，以积极的态度接受工作任务	10		
8	能积极参与小组讨论，发挥团队合作精神	10		
9	能及时完成教师布置的任务	10		
总　分		100		
小结建议				

学习活动 2　蓄电池的检查与更换

学习目标

1. 能描述蓄电池的作用和组成。
2. 能描述蓄电池的类型和工作原理。
3. 能进行蓄电池的检查、充电与更换。

建议学时：2 学时。

学习过程

一、蓄电池的作用和组成

1．蓄电池的作用

蓄电池在放电后能以充电的方式使内部活性物质再生，把电能转化为化学能，在需要放电时能把化学能转化为电能，所以蓄电池又被称为二次电池。

图 1-2-1 所示为汽车蓄电池电路。查阅相关资料，补充完整蓄电池的作用。

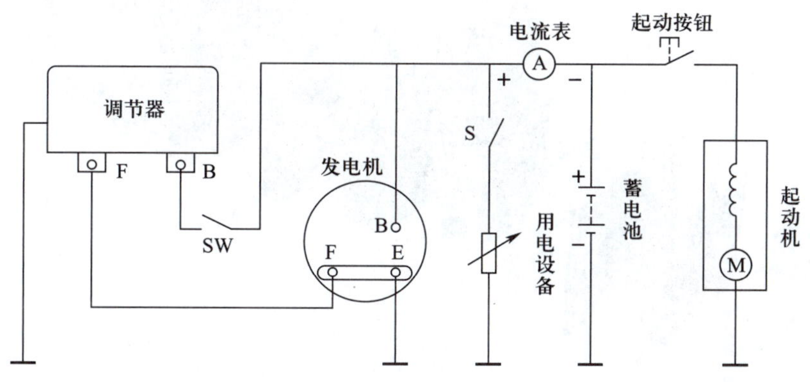

图 1-2-1　汽车蓄电池电路

汽车蓄电池电路由蓄电池、发电机、起动机、调节器及用电设备等部件组成。蓄电池与________作为汽车的两个电源，当发动机__________或低速运转时，发电机不能发电，由蓄电池向发动机点火系统、__________和其他整车用电设备供电。当发电机正常工作时，由________向整车用电设备供电，发电机由

________调节输出电压，使输出电压不随着发动机的转速变化而始终稳定在________V。当整车用电量超过电源系统的输出时，________可以在有限的时间内供电。

2．蓄电池的组成

蓄电池主要由正负极板组、______、壳体、联条、电解液、________等组成，如图 1–2–2 所示。

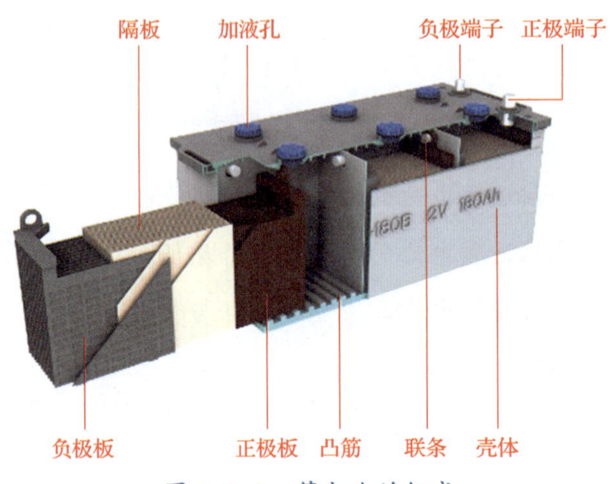

图 1–2–2　蓄电池的组成

如图 1–2–3 所示，蓄电池的充放电过程是由极板上的活性物质与电解液的______反应来实现的。极板由栅架及铅膏涂料组成，分为____极板和负极板两种。正极板上的活性物质为____________，呈深褐色；负极板上的活性物质为海绵状______，呈青灰色。

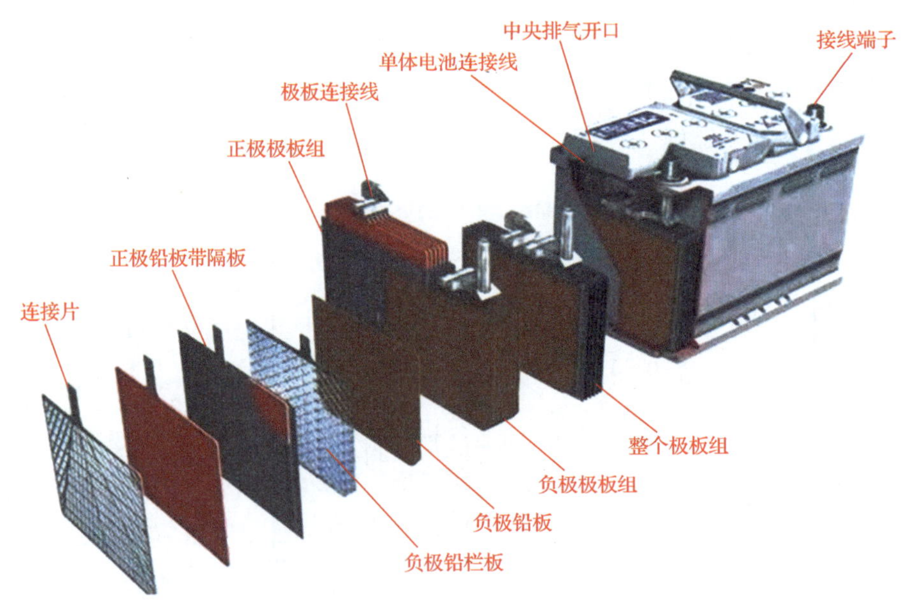

图 1–2–3　蓄电池极板

将一片正极板和一片负极板浸入电解液中，可得到________左右的电动势。为增大蓄电池容量，常将多片正、负极板分别________组成正、负极板组。隔板的作用是将正、负极板隔离，防止两极板______________。

二、蓄电池的类型和工作原理

1．蓄电池的类型

根据功能不同，蓄电池可分为起动蓄电池、固定蓄电池及牵引蓄电池三种。起动蓄电池主要作为汽车、摩托车及柴油机等起动时的供电电源；固定蓄电池主要用于通信设备、发电厂及计算机系统等作为保护及自动控制的备用电源；牵引蓄电池主要用于电动自行车及电动汽车等电力驱动的动力电源。

根据结构不同，蓄电池可分为普通蓄电池、干荷蓄电池和免维护蓄电池三种，如图 1–2–4 所示。普通蓄电池的极板由铅和铅的氧化物构成，电解液是硫酸的水溶液；干荷蓄电池的负极板有较高的存储电荷的能力；免维护蓄电池的电解液消耗量非常小，在蓄电池保质期内基本不需要补充蒸馏水。

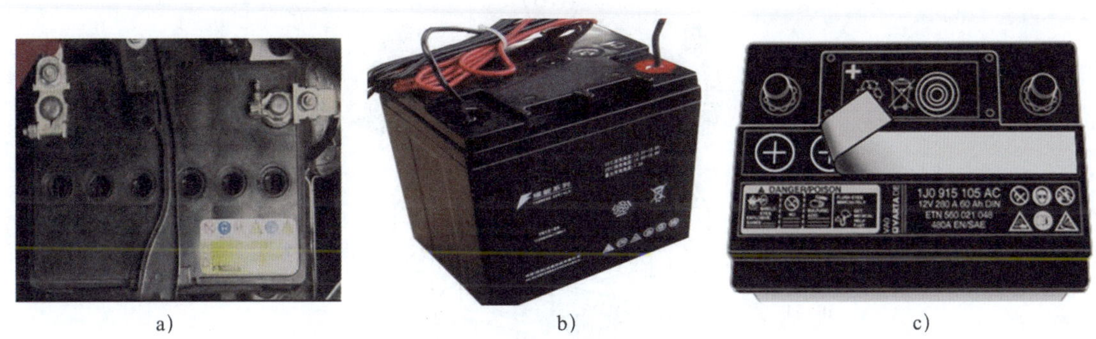

a)　　b)　　c)

图 1–2–4　蓄电池的类型

a）普通蓄电池　b）干荷蓄电池　c）免维护蓄电池

查阅汽车维护手册，将表 1–2–1 补充完整。

表 1–2–1　三种蓄电池的性能比较

类型	加液孔	荷电状态指示器	维护需求	使用要求
普通蓄电池	有	多个	需要维护	添加蒸馏水，测量电解液密度
干荷蓄电池	有			
免维护蓄电池			不需要维护	电解液不足会失效

图 1–2–5 所示为免维护蓄电池的充电结构，观察孔显示绿色说明电量充足，显示白色说明电量不足，显示黑色说明需要更换蓄电池。

2．蓄电池的工作原理

铅酸蓄电池的基本工作原理是：将以二氧化铅为活性材料组成的______与以______为活性材料组成的负极板插入稀硫酸电解液中，如图 1–2–6 所示，可产生 2 V 左右的电压。汽车起动及电气元件正常工作一般要求 12 V 左右的工作电压，故蓄电池由 6 个单格电池串联而成。由 6 个单格电池串联组成的蓄电池标称电压为 12 V（实际约为 12.6 V）。

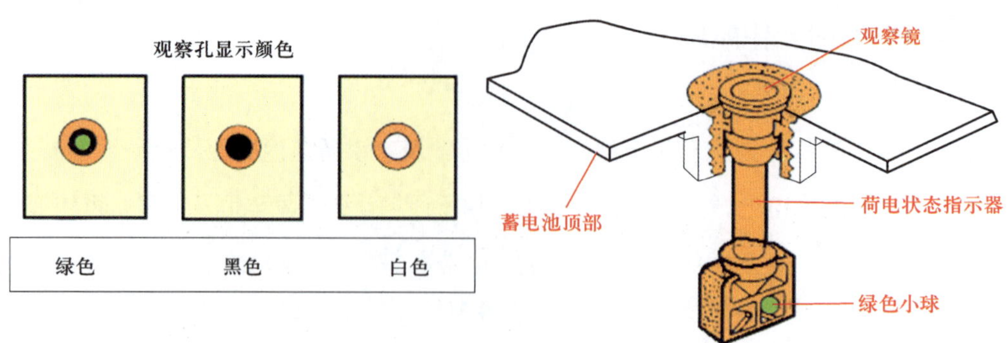

图 1-2-5　免维护蓄电池的充电结构

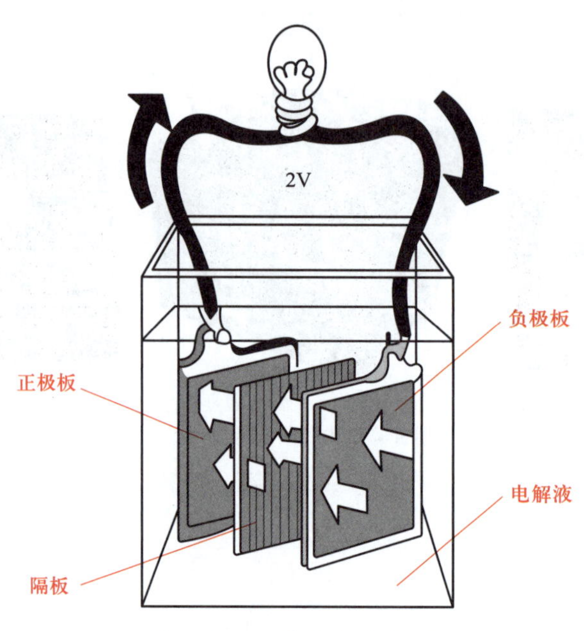

图 1-2-6　单格电池电压

三、蓄电池的常见故障

蓄电池的常见故障有：蓄电池极板硫化、蓄电池自放电、蓄电池活性物质早期脱落等，可能的故障原因有：____。

四、蓄电池的检查、充电与更换

根据蓄电池的常见故障及可能的故障原因，进行蓄电池的检查、充电与更换。

1．蓄电池的检查

（1）蓄电池外观的检查

根据图 1-2-7 可知，图中蓄电池电压为________________，容量为__________，360 A（EN）的含义是____。

1）检查蓄电池的________和________情况，如图 1-2-8 所示。

2）检查蓄电池是否____________。

3）检查接线柱是否____________，如图 1-2-9 所示。

图 1-2-7　蓄电池型号

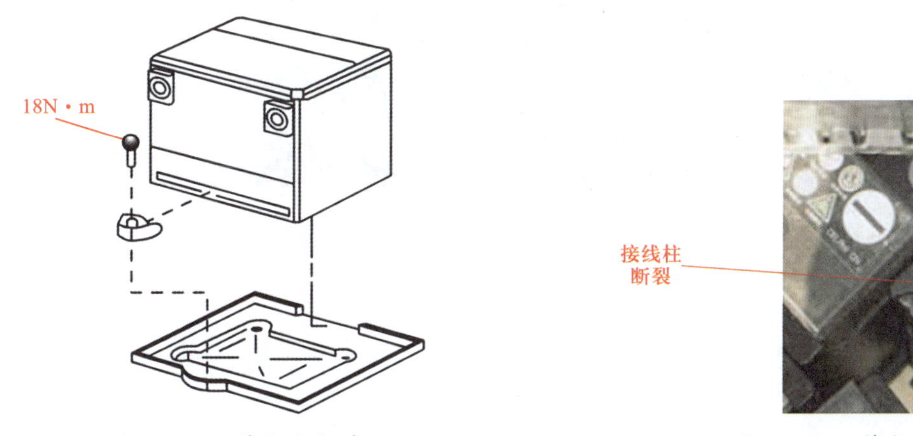

图 1-2-8　蓄电池托盘

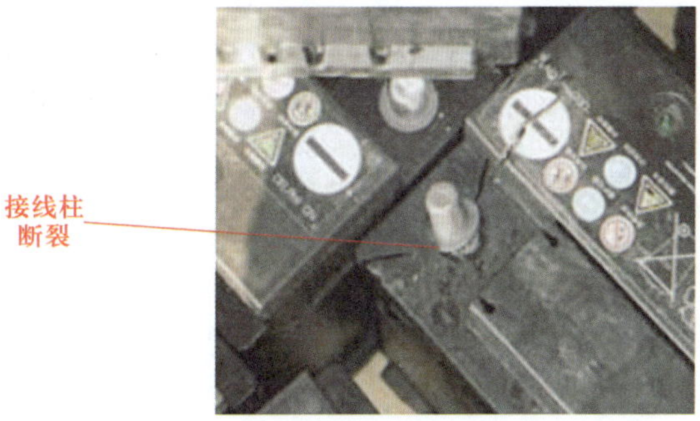

图 1-2-9　蓄电池外观情况

（2）蓄电池荷电状态的检查

1）检查观察孔颜色，如图 1-2-10 所示，查阅相关资料，将表 1-2-2 补充完整。

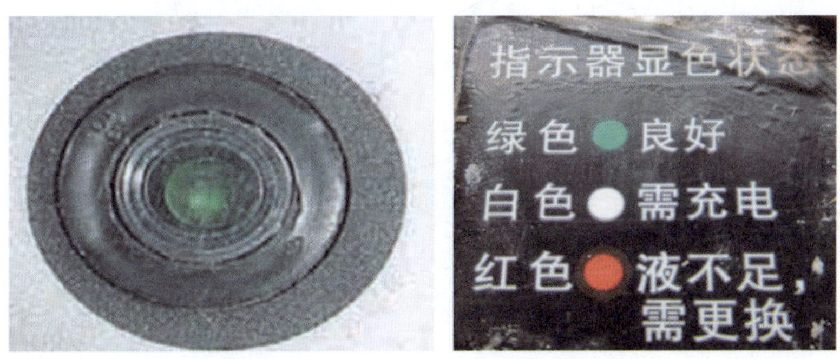

图 1-2-10　检查观察孔颜色

表 1-2-2　　蓄电池荷电状态

观察孔显示颜色	荷电状态	采用措施
绿色	大于 65%	
白色	小于 65%	
红色	电解液液面太低	
黑色		

注：不同厂家生产的蓄电池观察孔显示颜色代表的含义不同，具体以厂家标注的内容为准。

2）用万用表检测蓄电池电压大于________V 为正常，如图 1-2-11 所示。

图 1-2-11　检测蓄电池电压

（3）蓄电池电解液液位的检查

电解液液位应高于极板 10 ~ 15 mm 或在外壳液平面的标记上方。若电解液液位不足，则用__________补充。

（4）蓄电池电解液密度的检查

如图 1-2-12 所示，电解液的密度与__________结合起来可以清楚地反映蓄电池的荷电情况。

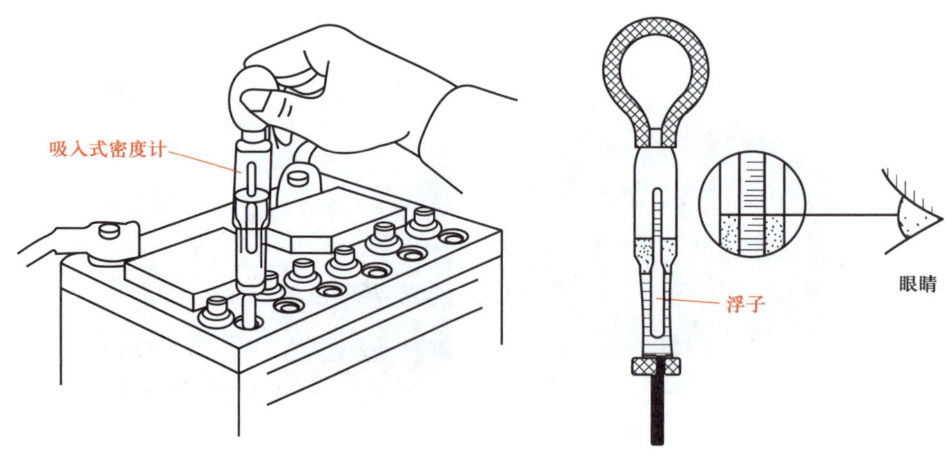

图 1-2-12　检查电解液密度

测量时使用＿＿＿＿＿＿＿，其电解液密度越大，＿＿＿＿＿升得越高。可以从刻度上读出电解液的密度。

蓄电池不同状态所显示的电解液密度不一样。表 1-2-3 所示为不同状态时的蓄电池电解液密度。

表 1-2-3　不同状态时的蓄电池电解液密度

常温环境	蓄电池电解液密度 / ($g.cm^{-3}$)	热带地区	蓄电池电解液密度 / ($g.cm^{-3}$)
放电	1.12	放电	1.08
半充电	1.20	半充电	1.14
全充电	1.28	全充电	1.23

2．蓄电池的充电

（1）定电压充电

用充电机＿＿＿连接蓄电池正极，用充电机＿＿＿连接蓄电池负极，确认蓄电池接线柱清洁，充电回路连接良好。

打开充电机电源，对蓄电池充电至观察孔颜色变绿，说明已充足电，如图 1-2-13 所示。

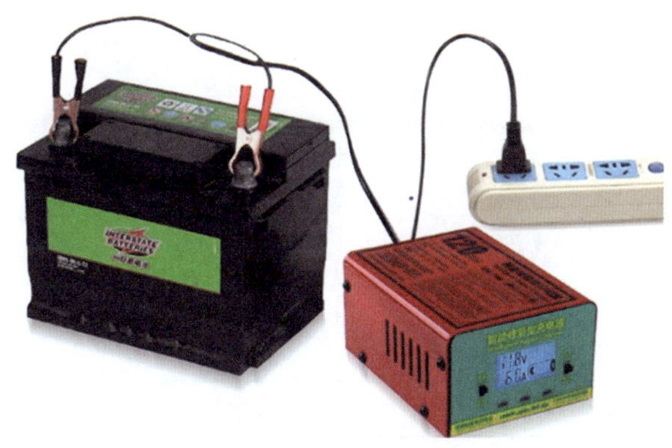

图 1-2-13　定电压充电

（2）定电流充电

1）用充电机＿＿＿连接蓄电池正极，用充电机＿＿＿连接蓄电池负极，确认蓄电池接线柱清洁，充电回路连接良好。

2）打开充电机电源，调节充电电流，以＿＿＿＿容量值的电流给蓄电池充电。若蓄电池观察孔颜色＿＿＿，说明已充足电。

注意：在普通蓄电池充电之前，要先检查电解液液位，低于规定值时应添加蒸馏水。

（3）补充充电

1）先进行蓄电池外观检查，＿＿＿＿＿＿＿＿＿的蓄电池不能补充充电，应更换蓄电池。

2）观察孔颜色为＿＿＿＿＿＿的蓄电池也不能补充充电，应补充电解液。

3）过放电或过充电造成＿＿＿＿＿的蓄电池也不能补充充电，应更换蓄电池。

4）充电前应清洁蓄电池接线柱，去除表面的氧化皮，在接线柱上涂________________，防止发生电蚀现象。

3．蓄电池的更换

（1）如图 1-2-14 所示，拧松蓄电池上方压板的固定螺母及螺栓，旋出蓄电池压板外侧的固定螺栓，拧松压板内侧的固定螺母，将压板和钩形螺杆一同取下。

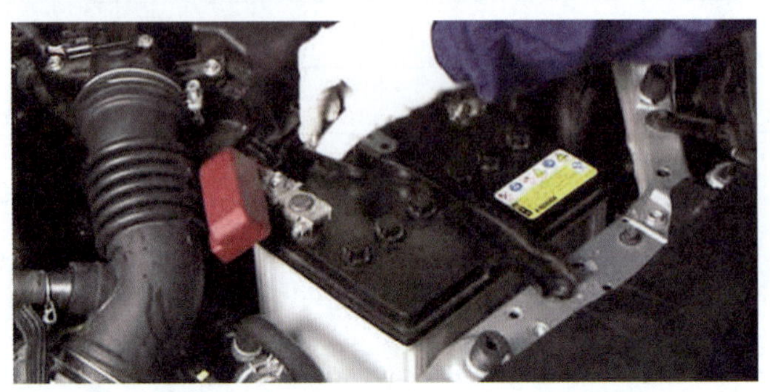

图 1-2-14　旋出蓄电池压板外侧的固定螺栓

（2）选用梅花扳手拧松蓄电池________（正极 / 负极）接线柱固定螺母，取下负极电缆，并放置在合适的位置。按照同样的方法取下______（正极 / 负极）电缆。

（3）取出蓄电池，放置于工作台上。

（4）按照与上述拆卸步骤相反的顺序进行蓄电池的安装。

五、学习活动评价

学习活动评价见表 1-2-4。

表 1-2-4　学习活动评价表

班级		姓名		学号		日期	年　月　日
序号	评价要点				配分	得分	总评
1	能正确识读和填写工作页，明确学习活动要求				10		A □（86 ~ 100 分） B □（76 ~ 85 分） C □（60 ~ 75 分） D □（60 分以下）
2	能查阅资料，写出蓄电池的作用和组成				10		
3	能查阅资料，写出蓄电池的类型和工作原理				10		
4	能按规范流程，完成蓄电池的检查				10		
5	能按规范流程，完成蓄电池的充电				15		
6	能按规范流程，完成蓄电池的更换				15		
7	能遵守劳动纪律，以积极的态度接受工作任务				10		
8	能积极参与小组讨论，发挥团队合作精神				10		
9	能及时完成教师布置的任务				10		
总　分					100		
小结建议							

学习活动 3　发电机的检查与更换

学习目标

1. 能描述发电机的作用。
2. 能描述发电机的组成和工作原理。
3. 能描述发电机的类型。
4. 能进行发电机的检查和更换。

建议学时：6 学时。

学习过程

一、发电机的作用

发电机是汽车的主要电源，在发动机正常运转时，发电机向所有用电设备（起动机除外）供电，同时向____________充电。

二、发电机的组成和工作原理

1．发电机的组成

发电机由定子、______、整流器、______________、端盖、风扇等组成，如图 1-3-1 所示。

a)

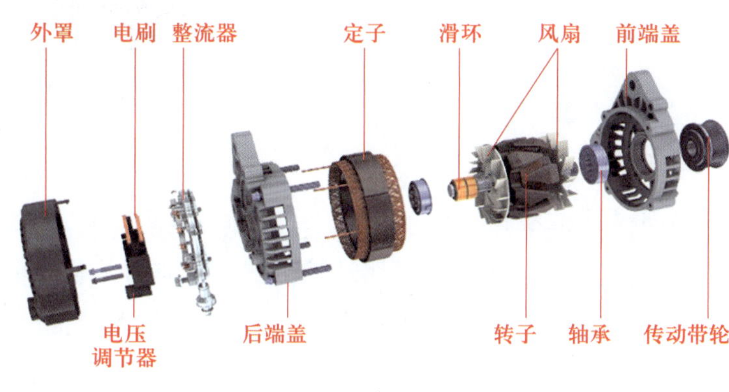

b)

图 1-3-1　发电机的组成

a）实物图　b）分解图

（1）转子

转子的作用是产生磁场。如图 1-3-2 所示，转子由爪极、磁轭、________、滑环、转子轴等组成。

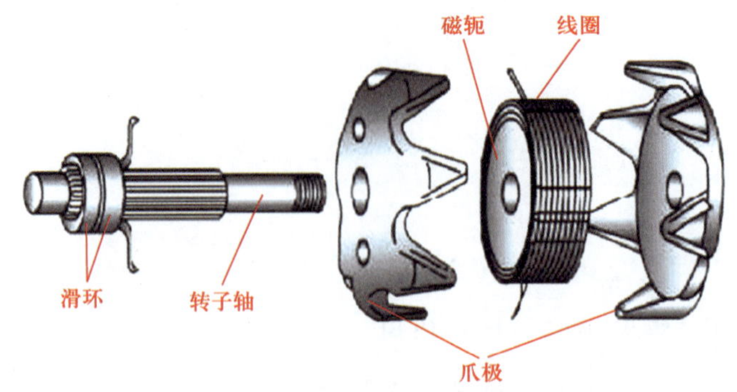

图 1-3-2　转子

转子轴上压装着两块______，爪极被加工成鸟嘴形状，爪极空腔内装有励磁绕组和磁轭。滑环由两个彼此绝缘的铜环组成，压装在转子轴上并与轴绝缘，两个________分别与励磁绕组的两端相连。

（2）定子

定子的作用是产生________。定子安装在______的外面，与发电机的前后端盖固定在一起，当转子在其内部转动时，引起定子绕组中磁通的变化，定子绕组中就会产生交变感应电动势。

如图 1-3-3 所示，定子由定子铁芯和________组成，定子铁芯由内圈带槽、互相绝缘的硅钢片叠成。

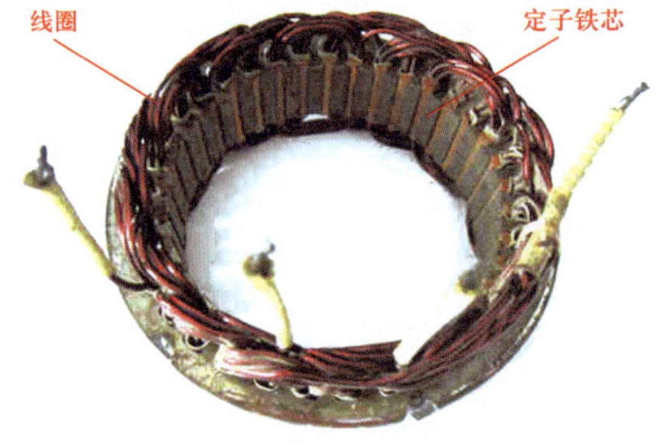

图 1-3-3　定子

（3）整流器

图 1-3-4 所示为整流器。整流器有正整流板和负整流板两个整流板。二极管压装或焊装在整流板上，二极管只有一个______，另一个引脚与整流板直接连接。若二极管的引线是二极管的阳极（正极），此整流板为______整流板；而负整流板上二极管的引脚为二极管的阴极（负极）。在正整流板上有一个输出接线柱（发电机的输出端）。负整流板直接______。负整流板与壳体相连接。

图 1-3-5 所示为整流电路，三只正二极管负极端连接在一起时，正极端电位最高者导通；三只负二极管正极端连接在一起时，负极端电位最低者导通。每一瞬间都有一个正极二极管和一个负极二极管导通，使

图 1-3-4　整流器

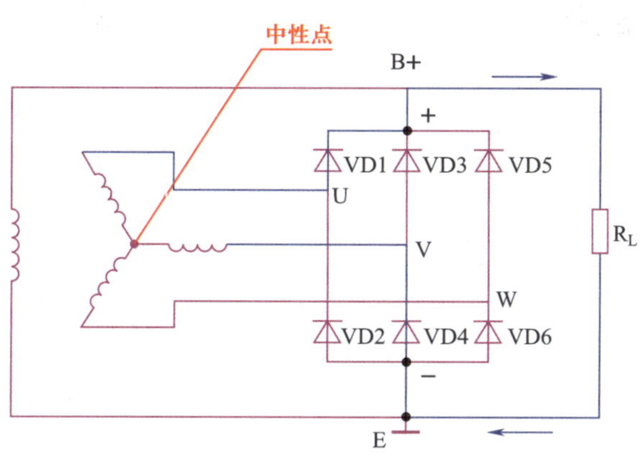

图 1-3-5　整流电路

电路形成回路。通过用电器件的就是直流电。发电机的绕组中有一点，此点与外部各接线端之间电压绝对值相等，此点就是________点。

（4）电压调节器

电压调节器的作用是使发电机输出电压保持______。图 1-3-6 所示为电压调节器。电压调节器分为两类：内搭铁型电压调节器适用于内搭铁型交流发电机；外搭铁型电压调节器适用于外搭铁型交流发电机。

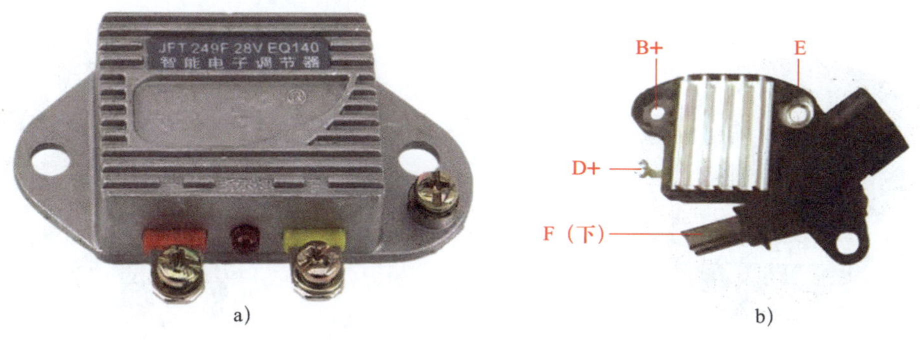

图 1-3-6　电压调节器

a）内搭铁型电压调节器　b）外搭铁型电压调节器

（5）端盖

端盖一般分为前端盖和后端盖两部分，如图 1–3–7 所示。端盖起固定转子、定子、__________和电刷组件的作用。端盖一般用铝合金铸造，一是可有效地防止漏磁，二是铝合金散热性能______（好 / 差）。

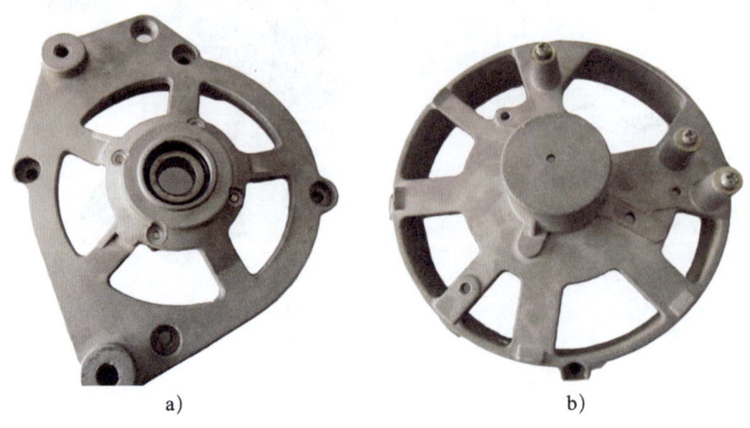

a)　　b)

图 1–3–7　前端盖和后端盖

a）前端盖　b）后端盖

后端盖上装有电刷组件，由电刷、________和电刷弹簧组成，如图 1–3–8 所示。电刷的作用是将电源通过滑环引入________。两个电刷分别装在电刷架的孔内，借助弹簧压力与滑环保持接触。电刷和滑环的接触应良好，否则会因磁场电流过小导致发电机发电不足。

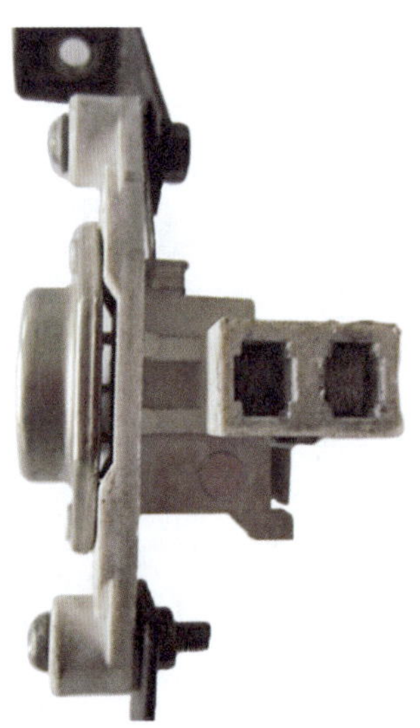

图 1–3–8　电刷组件

（6）传动带轮及风扇

交流发电机的前端装有传动带轮及风扇，如图 1–3–9 和图 1–3–10 所示。传动带轮由发动机通过传动带驱动，带动发电机的__________和风扇一起旋转。

发电机工作时，________和励磁绕组中都会有热量产生，温度过高时会烧坏导线的绝缘体，导致发电机不能正常工作，所以必须为发电机散热。为了提高发电机的散热能力，有的发电机装有两个__________（前后各一个）。

图 1–3–9　传动带轮

图 1–3–10　风扇

2．发电机的工作原理

交流发电机产生交流电利用的是__________感应原理，即利用产生磁场的转子旋转，使穿过定子绕组的磁通量发生变化，在定子绕组内产生感应电动势，如图 1–3–11 所示。

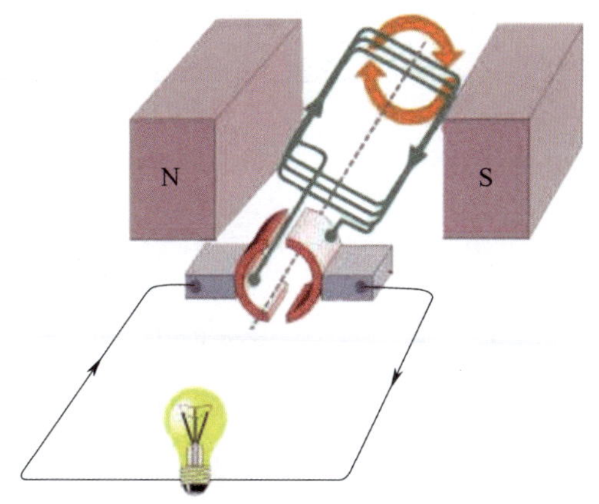

图 1–3–11　发电机的工作原理

交流发电机由定子、转子及整流器等组成。发电机三相定子绕组按一定规律分布在发电机的定子槽中，彼此相差 120° 电角度，转子是产生旋转磁场的部件。

如图 1–3–12 所示，当转子旋转时，磁场交替地在定子铁芯中间穿过，形成一个________，它与固定不动的三相定子绕组之间产生________，在三相定子绕组中产生了______________，各电动势的频率相同，幅值相等，相位角相差________。

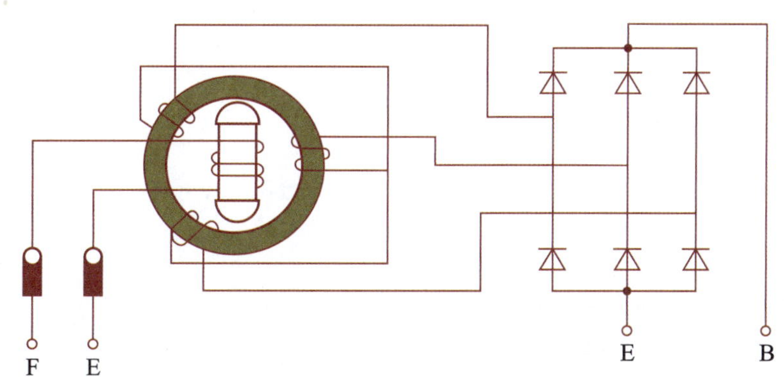

图 1–3–12　发电机的工作电路示意图

三、发电机的类型

汽车发电机可分为直流发电机和交流发电机两大类，由于交流发电机在许多方面的性能优于直流发电机，所以直流发电机已被淘汰，目前汽车均采用交流发电机。

1．按照发电机总体结构分类

按照总体结构不同，交流发电机可分为普通交流发电机、________交流发电机、带泵交流发电机、______交流发电机和________交流发电机等。

2．按照磁场绕组搭铁形式分类

按照磁场绕组搭铁形式不同，交流发电机可分为内搭铁型交流发电机和外搭铁型交流发电机两大类，如图 1–3–13 所示。

（1）内搭铁型交流发电机是磁场绕组的一端（负极）直接________的发电机（与壳体相连）。

（2）外搭铁型交流发电机是磁场绕组的两端接入__________，但磁场绕组的两只电刷都与壳体绝缘的发电机。

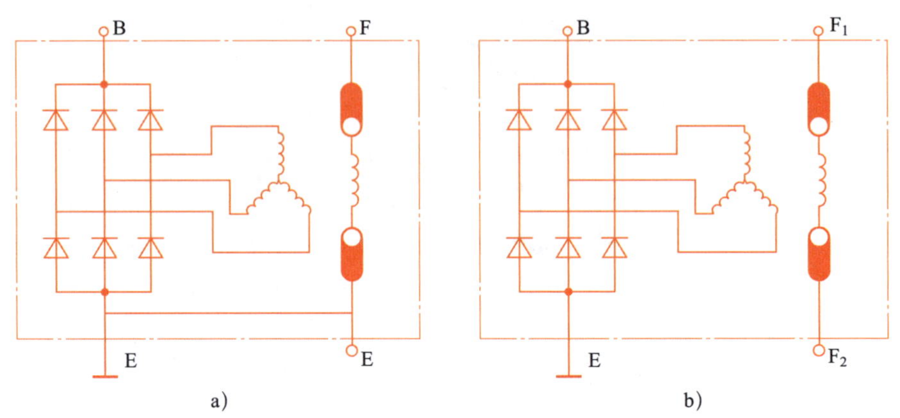

图 1–3–13　交流发电机按照磁场绕组搭铁形式分类

a）内搭铁型交流发电机电路　b）外搭铁型交流发电机电路

四、发电机的常见故障

发电机的常见故障有：发电机传动带松动、发电机异响、发电机不发电等，可能的故障原因有：_________

____。

五、发电机的检查与更换

根据发电机的常见故障及可能的故障原因，进行发电机的检查与更换。

1．发电机的检查

（1）检查发电机传动带轮安装是否牢靠，锁止功能是否良好。

（2）检查发电机的传动带外观、挠度和张力，张力应为__________。

（3）如图 1–3–14 所示，检查发电机线束连接器是否松动，线束连接器分别为__________、________，应保证连接牢靠。

（4）检查发电机是否有异响。

（5）检查充电指示灯电路是否正常。

2．发电机的拆卸

（1）拆卸发电机线束固定卡夹，取下发电机线束。

（2）如图 1–3–15 所示，拆卸发电机输出端子________上的螺栓，并取下连接线束端子。

（3）拆卸发电机连接线束插头________。

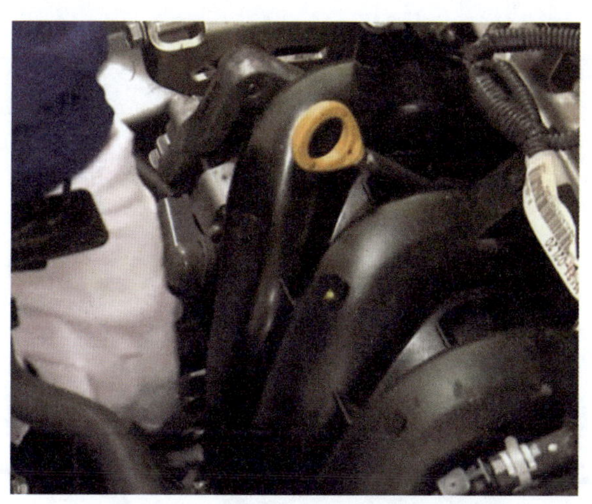

图 1-3-14　检查发电机线束连接器

图 1-3-15　拆卸发电机输出端子

（4）按图 1-3-16 所示拆卸发电机上部固定螺栓，发电机传动带由____________调整。

图 1-3-16　拆卸发电机上部固定螺栓

（5）拆卸发电机下部固定螺栓。

（6）取出发电机。

按照表 1-3-1 所示交流发电机的分解步骤完成发电机的分解，并将分解步骤补充完整。

表 1-3-1　发电机的分解

序号	分解步骤	图示
1	拧下发电机端子“B”上的固定螺母，取下绝缘套管	

续表

序号	分解步骤	图示
2	拆下后端盖	
3	拧下电刷架上的______个螺栓	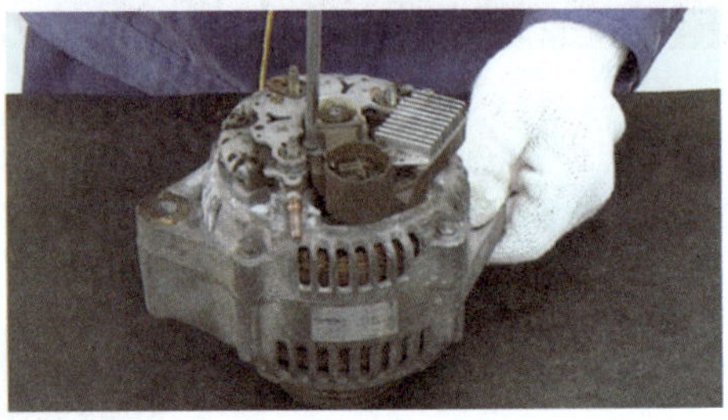
4	取下电刷架，注意要轻取__________	
5	拧下电压调节器上的固定螺栓，取下__________	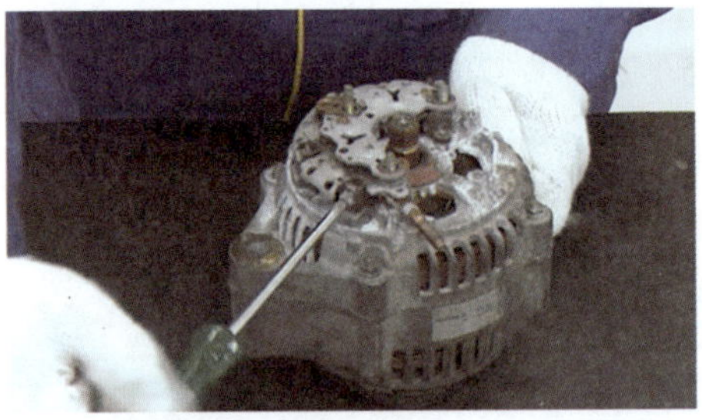
6	拧下整流器与三相绕组及中性点引线之间的连接螺栓，取下整流器	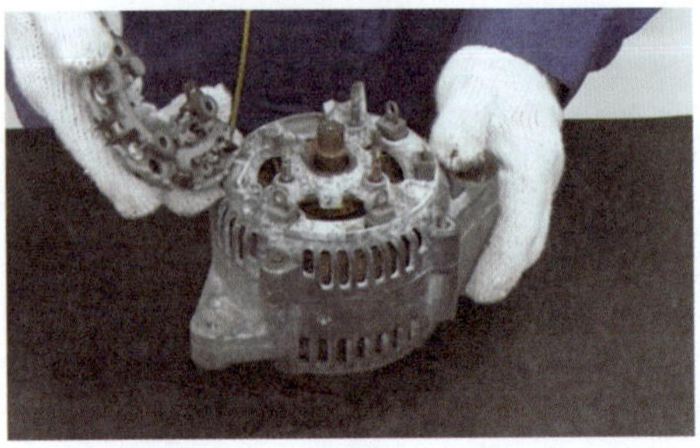

续表

序号	分解步骤	图示
7	用专用工具拆下定子总成并将其取出	
8	取出转子总成，发电机分解完毕	

3．发电机部件的检查

（1）在图 1-3-17 所示的空白处标出发电机解体件的名称。检查电刷，一般要求______________________________________。

滑环应满足____________________的条件。

图 1-3-17　发电机解体件

（2）在图 1–3–18 所示的万用表空白处填写测得的实际测量值。

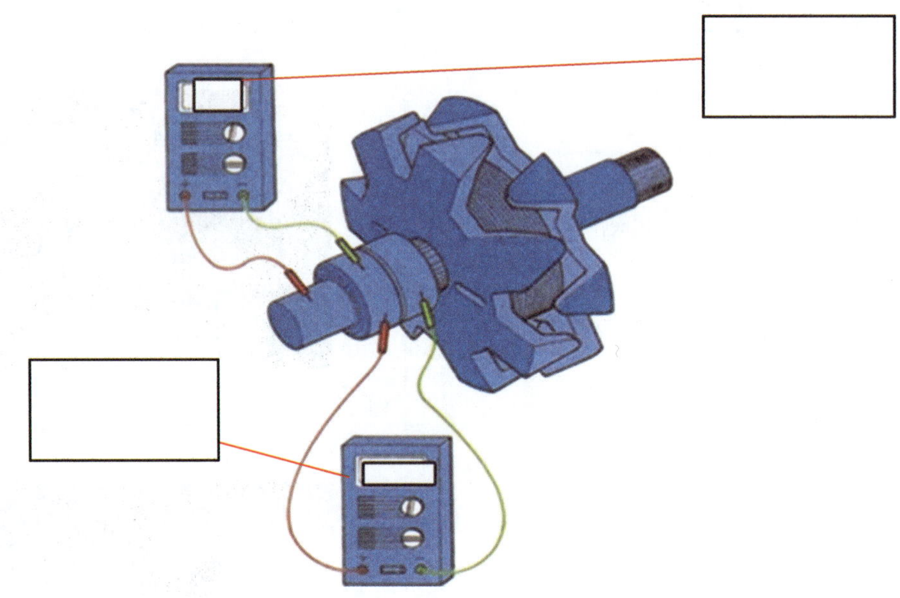

图 1–3–18　测量滑环的绝缘性

通过测量，能判断转子的使用状态为__________（正常 / 不正常）。除此以外，还要检查线圈的绝缘情况，如图 1–3–19 所示。测量线圈的电阻，判断导通情况，如图 1–3–20 所示。

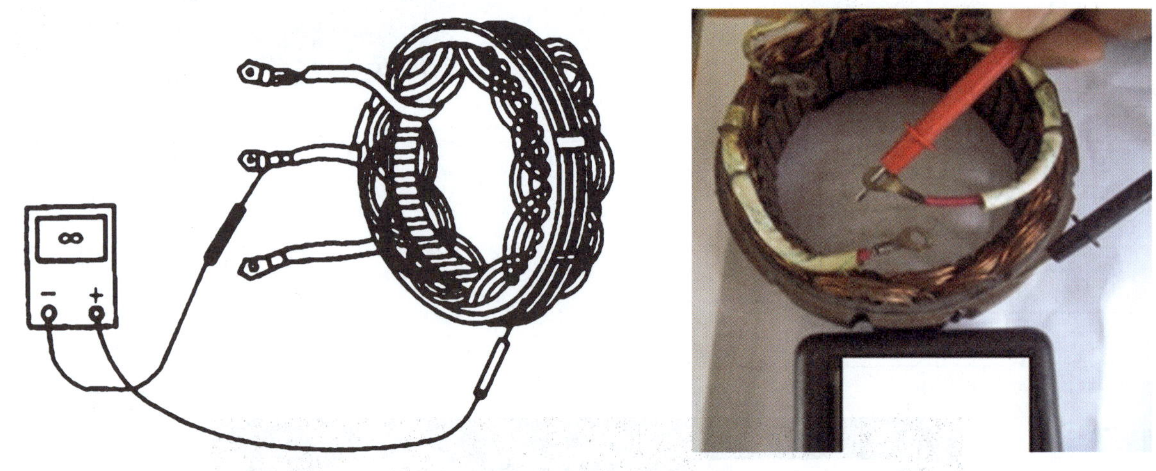

图 1–3–19　线圈的绝缘检测

（3）写出整流器的检测方法：____。

检测结果是____。

（4）检查发电机传动带轮，应__________________________、无卡滞。

4．发电机的组装及注意事项

（1）按照与拆卸时相反的顺序进行发电机的组装。

（2）在紧固各部件螺栓、螺母时，要按照其正确顺序和扭矩进行紧固。

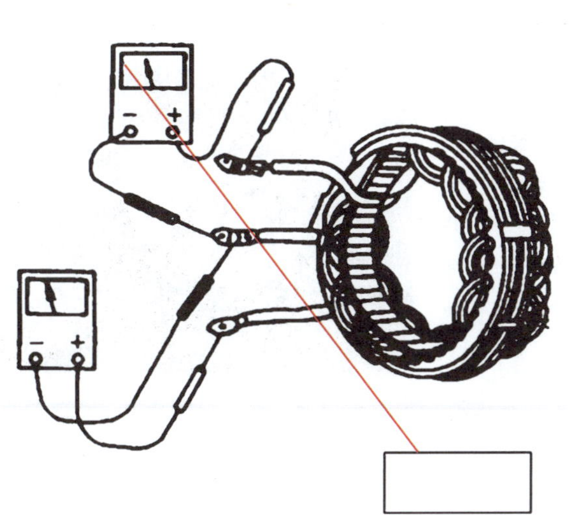

图 1-3-20　线圈的电阻检测

（3）组装后端盖元件时，应保证后端盖与元件板、各接线柱有良好的绝缘（用万用表检查）。

（4）组装后，转子轴应转动自如，无松旷、碰擦和卡滞现象。

5．发电机装复后的检查

按照表 1-3-2 所示发电机装复后的检查步骤完成检查，并将检查步骤补充完整。

表 1-3-2　　发电机装复后的检查

序号	检查步骤	图示
1	旋转发电机传动带轮，若转动灵活、无卡滞现象，表明__________________完好	
2	检查发电机外壳，若无裂纹、破损现象，表明发电机外壳完好	

续表

序号	检查步骤	图示
3	选择万用表的电阻挡，用万用表的黑表笔接发电机的______接线柱，用万用表的红表笔接发电机端盖，若测得的电阻值为 40 ~ 50 Ω，说明发电机无故障；若测得的电阻值为 10 Ω 左右，说明发电机内有失效的二极管，需拆检发电机；若测得的电阻值为 0，说明发电机内的二极管被击穿，应更换二极管。更换二极管后按上述方法重新检查发电机是否恢复正常	

六、学习活动评价

学习活动评价见表 1–3–3。

表 1–3–3　学习活动评价表

班级		姓名		学号		日期	年　月　日
序号	评价要点				配分	得分	总评
1	能正确识读和填写工作页，明确学习活动要求				10		A □（86 ~ 100 分） B □（76 ~ 85 分） C □（60 ~ 75 分） D □（60 分以下）
2	能查阅资料，写出发电机的作用				10		
3	能查阅资料，写出发电机的组成				10		
4	能查阅资料，写出发电机的工作原理				10		
5	能查阅资料，写出发电机的类型				10		
6	能按规范流程，完成发电机的检查与更换				20		
7	能遵守劳动纪律，以积极的态度接受工作任务				10		
8	能积极参与小组讨论，发挥团队合作精神				10		
9	能及时完成教师布置的任务				10		
总　分					100		
小结建议							

学习活动 4　汽车充电电路简单故障检修

学习目标

1. 能描述汽车充电电路的作用。
2. 能描述汽车充电电路的组成，并进行充电电路的识读。
3. 能分析确定汽车充电电路的简单故障和原因。
4. 能进行汽车充电电路简单故障检修。

建议学时：4 学时。

学习过程

一、汽车充电电路的作用

汽车充电电路（即电源电路）的主要作用是向全车用电设备供电，其中，在汽车处于停转、起动等状态时，由__________向全车用电设备供电；在汽车处于中高速运转状态时，由__________向全车供电，同时给__________充电。

二、汽车充电电路的组成

图 1–4–1 所示为普通汽车充电电路示意图，普通汽车充电电路由蓄电池、点火开关、________及充电指示灯等组成。接通点火开关，蓄电池给发电机转子提供励磁电流，此时发电机转速较低；随着发电机转速越来越高，发电量越来越大，发电机不仅能为自身提供电流，还能给________充电，这时充电指示灯由于发电机两端电压相同而________。

图 1–4–2 所示为上海大众汽车带负载检测的充电电路示意图，除了常规部件外，还增加了______________________、__________及发电机负载检测线 DFM，其中 J519 的作用为____。发电机的 DFM 接线端连接发动机控制单元 J220，发电机的 DFM 接线端以脉宽调制的方式向发动机控制单元反馈当前转速下的负荷，发动机控制单元通过负荷数据来调整发动机转矩和转速，从而调节发电机的输出电压。发电机的 L 接线端连接车载网络控制单元 J519，L 接线端为发电机充电指示灯控制端，该信号输入到车载网络控制单元，然后以总线方式经网关 J533 传送到组合仪表控制单元，控制组合仪表内充电指示灯的点亮与熄灭。

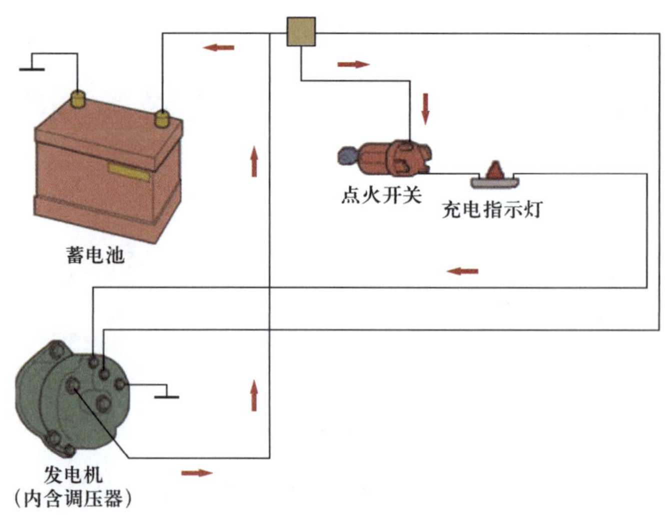

图 1–4–1 普通汽车充电电路示意图

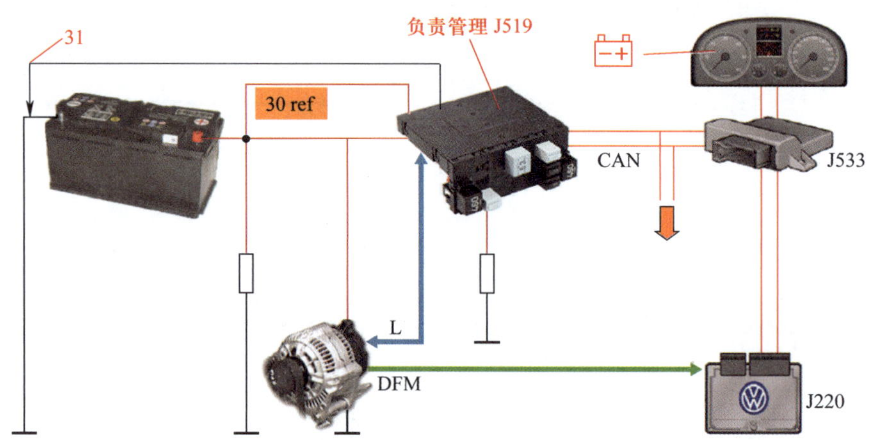

图 1–4–2 上海大众汽车带负载检测的充电电路示意图

图 1–4–3 所示为上海通用汽车充电电路示意图，在图中标出相关元件的名称。其中，发电机共有 3 个连接端子，分别为______、端子“F”及发电机输出电压端子____。ECM 为发动机控制单元，BCM 为车身控制单元，端子“L”为发动机控制单元输出的占空比 PWM 信号，可以结合用电负载的变化调节发电机的输出电压，端子“F”为发电机反馈线，为 ECM 提供磁场电压。

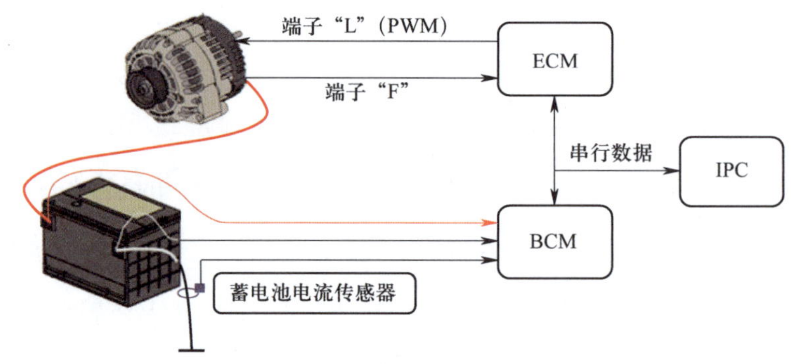

图 1–4–3 上海通用汽车充电电路示意图

三、汽车充电电路的识读

图 1-4-4 所示为丰田汽车的典型充电系统电路，其中内装集成电路调节器整体式交流发电机，具体包含发电机工作电路、充电电路及充电指示灯控制电路。

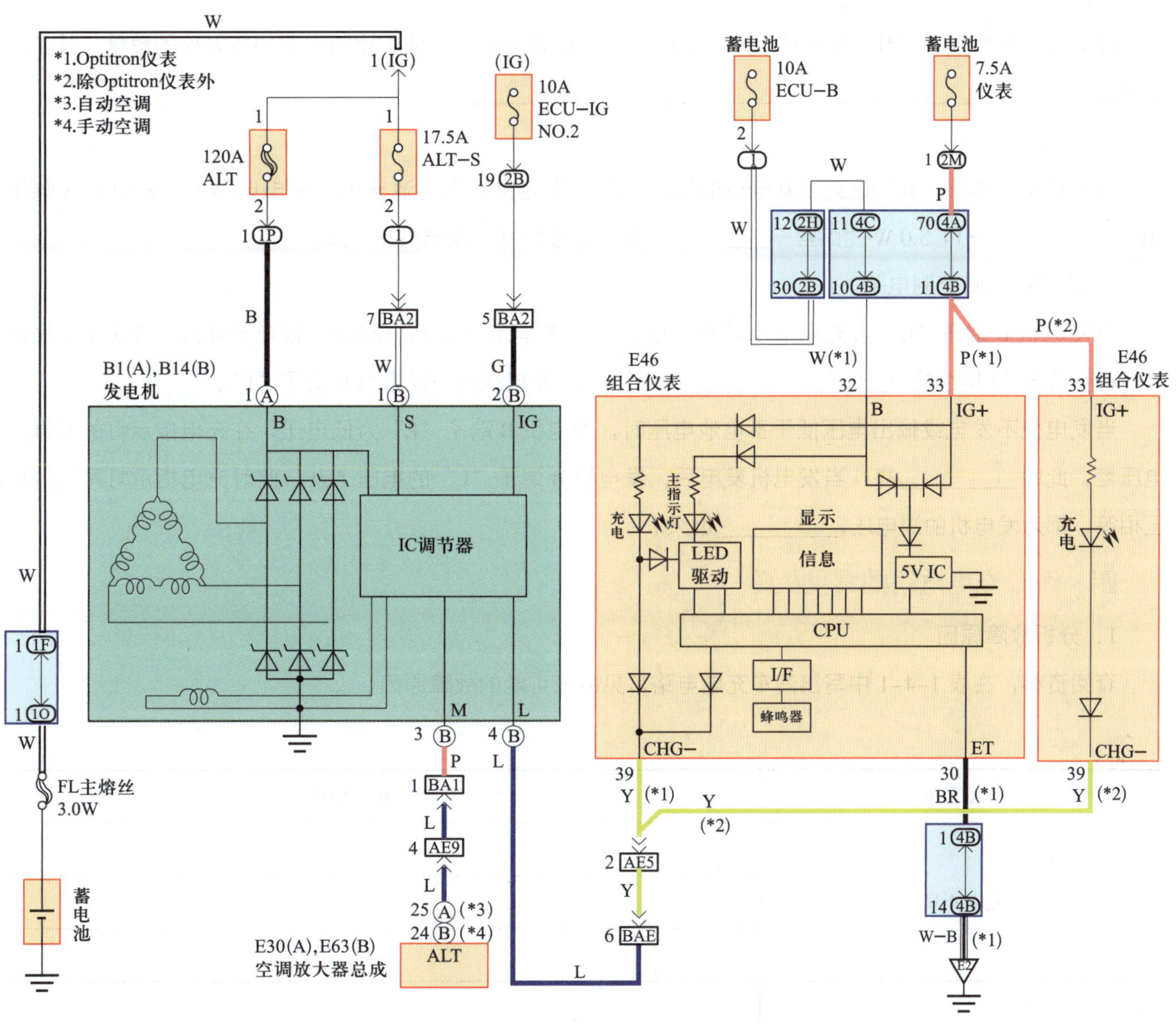

图 1-4-4　丰田汽车的典型充电系统电路

当发电机工作时，其工作电路通过 IC 调节器给其转子的磁场绕组供电，从而形成旋转磁场，转子旋转使定子绕组中感应出三相交流电，__________经 6 个二极管形成的整流电路整流后成为________，直流电再通过充电电路给________充电，并给其他相关用电设备供电。发电机工作时由 B 端子“M”检测用电设备的负载并反馈给________________，便于控制用电设备。发电机的输出电压由 IC 调节器通过调节________________来实现，具体控制电路如下。

1．发电机工作电路

（1）发电机 B 端子“IG”为 IG 调节器供电端。当接通点火开关但未起动发动机时，蓄电池通过发电机

B 端子“IG”给 IC 调节器提供电源。其工作电路为：从点火开关来的电压→ ECU–IG NO.2 熔丝（10 A）→ ________________。

（2）发电机 B 端子“S”为蓄电池端电压检测端。其检测电路为：蓄电池电压→ FL 主熔丝→ 17.5 A ALT–S 熔丝→________________。

（3）发电机 B 端子“M”接空调放大器总成，用于负载的检测，便于控制空调加热元件的数量，其工作电路为：____。

2．充电电路

当发电机 A 端子“B”是交流发电机的输出端时，发电机给蓄电池充电。充电电路为：发电机 A 端子“B”→________→ FL 3.0 W 主熔丝→________→蓄电池接地点→发电机接地点。

3．充电指示灯控制电路

当发电机 B 端子“L”为充电指示灯控制端时，充电指示灯控制电路为：蓄电池电压→ 7.5 A 仪表熔丝→组合仪表 33 接线柱→________________→组合仪表 39 接线柱→发电机 B 端子“L”。

当发电机不发电或输出电压低于蓄电池电压时，发电机 B 端子“L”为低电压，在充电指示灯的两端有电压差，此时__________亮；当发电机发电后，发电机 B 端子“L”的电压上升，此时充电指示灯两端的电压相等，都为发电机的端电压，__________熄灭。

四、汽车充电电路的常见故障

1．分析故障原因

查阅资料，在表 1–4–1 中写出汽车充电电路常见故障可能的故障原因。

表 1–4–1　　汽车充电电路故障原因分析

故障现象	可能的故障原因
充电不良	
充电电流大	
充电电流小	

2．制定检修方案

根据任务要求，制定检修方案。

（1）根据具体工作内容，明确小组成员分工，填写在表 1–4–2 中。

表 1–4–2　小组成员分工

姓名	分工

（2）根据要求列出所需主要工具及材料清单，填写在表 1–4–3 中。

表 1–4–3　所需主要工具及材料清单

序号	工具及材料名称	单位	数量	备注

（3）根据小组分工情况及客户要求，制定具体的检修工序，填写在表 1–4–4 中。

表 1–4–4　检修工序安排

序号	工序内容	备注

五、汽车充电电路简单故障检修

1．充电不良故障检修

（1）故障现象有充电指示灯亮、蓄电池电量不足和________________。

（2）故障原因有________损坏、熔丝熔断和发电机____________________。

（3）故障检测

1）检测发电机主熔丝是否正常。若主熔丝熔断，需更换主熔丝。

2）检查发电机端子“B”的螺母拧紧情况。若螺母松动，需紧固螺母。

3）如图 1–4–5 所示，检测发电机输出电压与输出电流。检测并记录蓄电池电压为______V；起动发动机，使发动机转速达到 2 000 r/min，此时检测蓄电池电压即发电机输出电压，应达到______V。如发电机输出电压无变化，说明发电机不能发电，随后检测发电机的磁场绕组供电是否正常，如不正常则需要拆检发电机。

图 1–4–5　检测发电机输出电压与输出电流

4）如图 1–4–6 所示，检查发电机端子“L”的接触状态及__________，如断开端子“L”，接通点火开关且检测到端子“L”没有电压，则应检查充电指示灯控制电路，以保证充电指示灯控制电路正常工作。

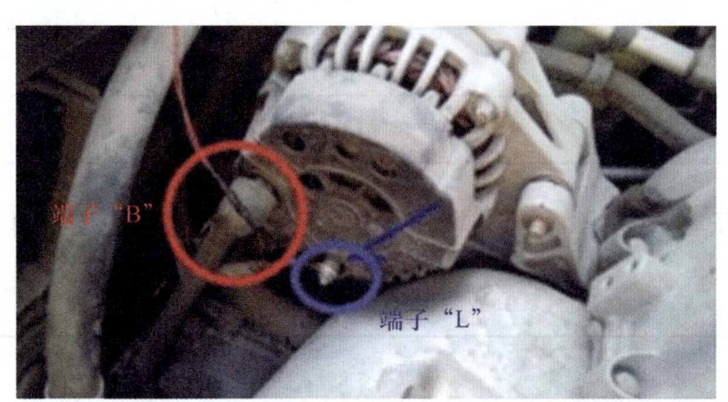

图 1–4–6　检查发电机端子“L”

2．充电电流大故障检修

（1）故障现象有充电指示灯灯丝经常断、蓄电池电解液溢出和________________。

（2）故障原因有____________调节电压过大、熔丝接触不良或线路断路。

（3）故障检修

1）检测充电电路的熔丝，如损坏应更换。

2）检查发电机 A 端子“B”螺母的松紧状态，若没有拧紧，则按规定扭矩拧紧。

3）检查 IC 调节器，对于装有晶体管调节器的充电系统，应检查发电机与 IC 调节器是否匹配，若有问题，则更换 IC 调节器；对于装有触点式调节器的充电系统，则应进行弹簧弹力及衔铁间隙的调整，使之符合要求。

3．充电电流小故障检修

（1）故障现象有蓄电池电量不足、汽车前照灯灯光暗淡和汽车喇叭声响沙哑。

（2）故障原因有发电机驱动传动带磨损或松动、______________________和______________________。

（3）故障检修

1）检查发电机驱动传动带状态是否正常。若发电机驱动传动带状态不正常，应及时调整。

2）检查发电机各端子连接状态、________________________、检查 IC 调节器、检查蓄电池连接端子，确保发电机处于正常工作状态。

六、学习活动评价

学习活动评价见表 1-4-5。

表 1-4-5　学习活动评价表

<table>
<tr><td>班级</td><td></td><td>姓名</td><td></td><td>学号</td><td></td><td>日期</td><td>年　月　日</td></tr>
<tr><td>序号</td><td colspan="5">评价要点</td><td>配分</td><td>得分</td><td>总评</td></tr>
<tr><td>1</td><td colspan="5">能正确识读和填写工作页，明确学习活动要求</td><td>10</td><td></td><td rowspan="10">A □（86 ~ 100 分）
B □（76 ~ 85 分）
C □（60 ~ 75 分）
D □（60 分以下）</td></tr>
<tr><td>2</td><td colspan="5">能查阅资料，写出汽车充电电路的作用</td><td>10</td><td></td></tr>
<tr><td>3</td><td colspan="5">能查阅资料，写出汽车充电电路的组成</td><td>10</td><td></td></tr>
<tr><td>4</td><td colspan="5">能查阅资料，进行汽车充电电路的识读</td><td>10</td><td></td></tr>
<tr><td>5</td><td colspan="5">能查阅资料，写出汽车充电电路常见故障的原因</td><td>10</td><td></td></tr>
<tr><td>6</td><td colspan="5">能按规范流程，进行汽车充电电路简单故障检修</td><td>20</td><td></td></tr>
<tr><td>7</td><td colspan="5">能遵守劳动纪律，以积极的态度接受工作任务</td><td>10</td><td></td></tr>
<tr><td>8</td><td colspan="5">能积极参与小组讨论，发挥团队合作精神</td><td>10</td><td></td></tr>
<tr><td>9</td><td colspan="5">能及时完成教师布置的任务</td><td>10</td><td></td></tr>
<tr><td colspan="6">总　分</td><td>100</td><td></td></tr>
<tr><td>小结
建议</td><td colspan="8"></td></tr>
</table>

学习活动 5　工作总结与评价

学习目标

1. 能以小组形式，对学习过程和成果进行总结。
2. 能完成对学习过程的综合评价。

建议学时：2 学时。

学习过程

一、工作总结

在世界技能大赛中，选手应具有一定的组织规划、沟通、创新等能力，这在实际的生产工作中是十分必要的。以小组为单位，选择演示文稿、展板、海报、视频等形式中的一种或几种，向全班展示、汇报学习成果。

二、综合评价

针对本任务的学习情况，根据表 1–5–1 所列综合评价标准进行评分。

表 1–5–1　综合评价标准

评价项目	评价内容及标准	配分	评分		
			自我评价	小组评价	教师评价
工作组织和管理	团队合作，合理计划，高效管理时间	3			
	定期检查工作进展和效果	3			
	保证高质量完成工作	4			
沟通能力	深度咨询客户，完全理解其要求	10			
	提供明确说明，准确回答客户的疑问	10			
计划创新能力	及时处理工作中遇到的问题	10			
	提出创新性、可行性建议，提高客户满意度	10			

续表

评价项目	评价内容及标准	配分	评分		
			自我评价	小组评价	教师评价
专业知识	具备汽车充电电路各部件的组成、功能、原理等知识	10			
	具备汽车充电电路故障检修知识	10			
实践能力	具备汽车充电电路检修技能	5			
	具备蓄电池、发电机的拆装与检修技能	5			
	具备汽车充电电路识读技能	10			
	具备汽车充电电路简单故障检修技能	10			
学生姓名		综合评价得分			
指导教师		日期			

三、学习任务一整体评价

学习任务一整体评价见表 1–5–2。

表 1–5–2　　学习任务一整体评价表

项目	自我评价			小组评价			教师评价		
	10 ~ 9 分	8 ~ 6 分	5 ~ 1 分	10 ~ 9 分	8 ~ 6 分	5 ~ 1 分	10 ~ 9 分	8 ~ 6 分	5 ~ 1 分
	占总评 10%			占总评 30%			占总评 60%		
学习活动 1									
学习活动 2									
学习活动 3									
学习活动 4									
学习活动 5									
协作精神									
纪律观念									
表达与分析能力									
工作态度									
任务总体表现									
小计分									
总评分									

世赛知识

车身修理项目

世界技能大赛车身修理项目是指通过车身校正平台和相关的测量设备，检测车身损伤程度并修复结构损伤至原厂技术参数的竞赛项目。比赛中对选手的技能要求主要包括：诊断与校正；更换需要焊接的面板和部件；拆卸、重装或更换以及重组内外部件和面板；正确选择、组装和使用工具或设备；修复车身相关部件，如车身电气诊断、塑料件修复和玻璃更换等。

一、车身修理项目考核要点

1．对车身结构及覆盖件严重损坏的汽车进行修复的能力。

2．选手通过测量及校正设备，检测车身损伤及变形的程度。

3．校正并修复受损的车身及其他相关部分，最终将汽车车身维修至可以重新喷漆的状态。

二、车身修理项目比赛设置

模块 A：汽车车身诊断与修复

工作任务：在规定时间内，先对竞赛用车身底部进行测量并记录（共 6 对 12 个测量点，分别为 2 对基准点和 4 对测量点），然后再对前纵梁进行测量、记录，并按照现场裁判制定的数据进行校正。

模块 B：结构部件更换

工作任务：在规定时间内对提供的板件（A、B、C、D、E 板件）进行测量、画线、电阻点焊焊接、切割、焊点钻除、新件定位、气体保护焊焊接等操作。

模块 C：非结构部件更换

工作任务：在规定时间内对车身非结构板件（前翼子板）进行画线、切割、焊接、打磨、整形修复（仅对切割线正面两侧各 25 cm 范围区域进行修复）。

模块 D、E：面板维修及车身相关部件修理

工作任务：在规定时间内，使用外形修复工具及设备对损伤的车门外板进行修复，设置的损伤为条形损伤。

三、赛程

比赛时间：4 天，共 22 h（各模块的用时由选手在 22 h 内统筹调配）。

大赛基本内容按此设置，每一届世界技能大赛及国内选拔赛会有不同的调整，具体以比赛公布文件为准，但比赛整体考察内容基本相同。

四、历届成绩

第 43 届世界技能大赛在巴西圣保罗举行，我国选手罗良在世界技能大赛车身修理项目中获得银牌。

第 44 届世界技能大赛在阿联酋阿布扎比举行，我国选手杨山巍在世界技能大赛车身修理项目中获得金牌。

第 45 届世界技能大赛在俄罗斯喀山举行，我国选手徐澳门在世界技能大赛车身修理项目中获得金牌。

学习任务二　汽车起动机不工作故障检修

学习目标

1. 能识别起动系统的组成及各部件的安装位置。
2. 能描述起动系统的作用和类型。
3. 能进行起动系统的检查。
4. 能描述起动机的组成和各部件的功能。
5. 能描述起动机的类型和工作原理。
6. 能进行起动机的拆卸、检查和更换。
7. 能描述起动机控制电路的组成和作用。
8. 能进行起动机控制电路的识读。
9. 能分析并确定起动机控制电路的简单故障和原因。
10. 能进行起动机控制电路简单故障检修。
11. 能对维修场地设备进行日常维护保养，按“6S”管理规定要求清理现场。
12. 能对相关资料、互联网资源进行检索，完成检修工单和工作页的填写。
13. 能展示工作成果，进行任务评价，总结工作经验，优化检修方案。
14. 能在作业过程中严格执行企业操作规范、安全生产制度、环保管理制度，严格遵守从业人员的职业道德，具有吃苦耐劳、爱岗敬业的工作态度和职业责任感。

建议学时

16 学时。

工作情境描述

某客户在路边将汽车熄火等待约 1 h（等待期间使用过音响及点烟器）后，想再次起动汽车时发现汽车无法起动，转动汽车钥匙时能听到起动机起动的声音，但声响听起来十分微弱，且起动声音断断续续，其电磁开关有吸动的“嗒嗒”声。经班组长检查，初步判断为起动系统不工作故障。汽车修理工需要根据维修手册相关要求，在规定时间内，参照维修资料完成对起动系统的检查与零部件的更换工作，自检合格后交付班组长验收。

工作流程与活动

1．起动系统的认知（2 学时）

2．起动机的检查与更换（6 学时）

3．起动机控制电路简单故障检修（6 学时）

4．工作总结与评价（2 学时）

思维导图

- 学习任务二 汽车起动机不工作故障检修
  - 学习活动1 起动系统的认知
    - 起动系统的组成及各部件的安装位置
    - 起动系统的作用
    - 起动系统的类型
    - 起动系统的常见故障
    - 起动系统的检查
      - 检查起动系统
      - 就车检查起动机
  - 学习活动2 起动机的检查与更换
    - 起动机的组成和各部件的功能
      - 起动机的组成
      - 起动机各部件的功能
    - 起动机的类型和工作原理
      - 起动机的类型
      - 起动机的工作原理
    - 起动机的常见故障
    - 起动机的拆卸、检查与更换
      - 起动机的拆卸
      - 起动机总成的分解
      - 起动机的检查与更换
      - 起动机总成的组装
  - 学习活动3 起动机控制电路简单故障检修
    - 起动机控制电路的组成和作用
    - 起动机控制电路的识读
    - 起动机控制电路的常见故障
      - 分析故障原因
      - 制定检修方案
    - 起动机控制电路简单故障检修
      - 起动机不转故障检修
      - 起动机空转故障检修
      - 起动机运转无力故障检修
  - 学习活动4 工作总结与评价
    - 工作总结
    - 综合评价
    - 学习任务二整体评价

学习活动 1　起动系统的认知

学习目标

1. 能识别起动系统的组成及各部件的安装位置。
2. 能描述起动系统的作用与类型。
3. 能进行起动系统的检查。

建议学时：2 学时。

学习过程

一、起动系统的组成及各部件的安装位置

图 2–1–1 所示为起动系统的组成，起动系统由________和起动控制电路组成，主要包括蓄电池、点火开关、起动继电器和起动机等。

根据图 2–1–2 所示，查阅相关资料，对起动系统的组成零部件和安装位置进行认知，并将相应序号填入表 2–1–1 中。

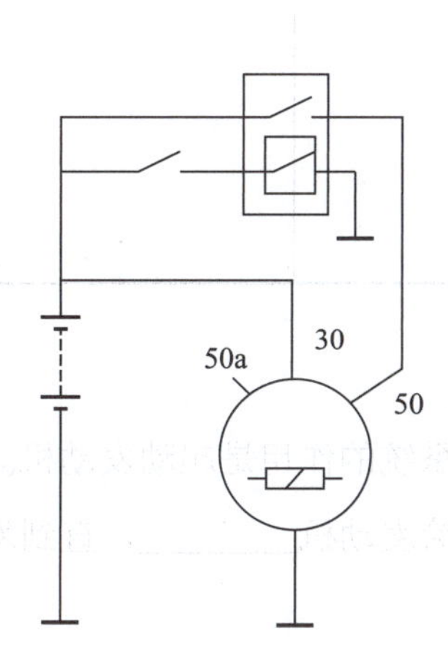

图 2–1–1　起动系统的组成

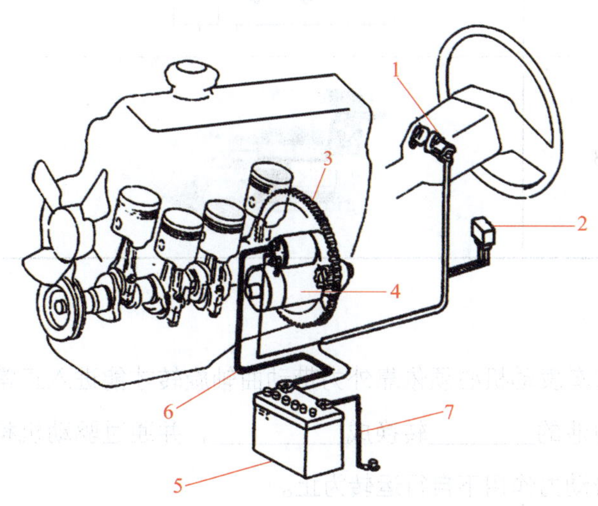

图 2–1–2　起动系统示意图

表 2-1-1　　　　起动系统的组成零部件

零部件名称	对应图 2-1-2 中的序号
蓄电池	
起动机	
点火开关	
起动继电器	
搭铁线	
电源线	
飞轮齿圈	

查阅相关资料，将表 2-1-2 中起动系统零部件的名称与安装位置补充完整。

表 2-1-2　　　　起动系统零部件的认知

序号	图示	名称	安装位置
1	 M4 012-1H1G 30 85 87 86 ZG15 NO 40A	起动继电器	
2	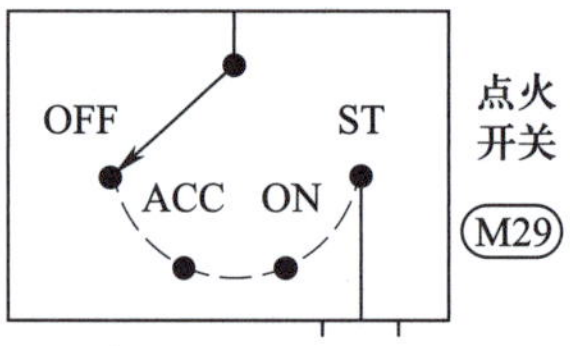 OFF ACC ON ST 点火开关 M29		
3			

二、起动系统的作用

汽车发动机必须依靠外力带动曲轴旋转才能进入正常工作状态。起动系统的作用是起动发动机。起动机将蓄电池的________转换成__________，并通过驱动机构将________传递给发动机________，直到发动机能在自身动力作用下自行运转为止。

三、起动系统的类型

按照控制方式不同，起动系统可分为无起动继电器控制的起动系统、__________________的起动系统和模块控制的起动系统。

无起动继电器控制的起动系统包括蓄电池、________和起动机等。

起动继电器控制的起动系统包括蓄电池、________、____________和起动机等。

模块控制的起动系统包括蓄电池、________、__________、起动机和车身控制单元（ECU）等。

四、起动系统的常见故障

起动系统的常见故障有：起动机不转、起动机旋转但无法起动发动机等，可能的故障原因有：____。

五、起动系统的检查

根据起动系统的常见故障及可能的故障原因，进行起动系统的检查。

1．检查起动系统

（1）检查并清洁蓄电池、________、____________和起动继电器及熔丝等所有连接线的连接端子，包括搭铁处的连接端子。

（2）检查起动机________主接线柱连接导线是否松脱。

（3）用万用表测试蓄电池正负极导线与正负极接线柱之间的电压，每根导线允许有不大于______V 的电压降。

（4）检查并确认线路布置，避开有可能造成电缆______、______或振动的部件。*注意：在金属件处布线时，导线要套塑胶保护套。*

2．就车检查起动机

（1）如图 2–1–3 所示，用旋具的金属部分（或金属条）短接起动机电磁开关上的端子“30”和端子“C”，如果起动机运转，表明____________正常；否则，要拆下起动机进一步检查。

图 2–1–3　短接电磁开关两个端子

（2）如图 2–1–4 所示，在直流电动机正常的情况下，用旋具的金属部分（或金属条）连接起动机电磁开关端子“30”和端子“50”，如果起动机运转，则表明起动机__________良好；否则便要拆下起动机进一步检查。

图 2-1-4　连接端子“30”和端子“50”

六、学习活动评价

学习活动评价见表 2-1-3。

表 2-1-3　　学习活动评价表

<table>
<tr><td>班级</td><td></td><td>姓名</td><td></td><td>学号</td><td></td><td>日期</td><td>年　月　日</td></tr>
<tr><td>序号</td><td colspan="4">评价要点</td><td>配分</td><td>得分</td><td>总评</td></tr>
<tr><td>1</td><td colspan="4">能正确识读和填写工作页，明确学习活动要求</td><td>10</td><td></td><td rowspan="9">A □（86～100 分）
B □（76～85 分）
C □（60～75 分）
D □（60 分以下）</td></tr>
<tr><td>2</td><td colspan="4">能查阅资料，写出起动系统的组成及各部件的安装位置</td><td>15</td><td></td></tr>
<tr><td>3</td><td colspan="4">能查阅资料，写出起动系统的作用</td><td>15</td><td></td></tr>
<tr><td>4</td><td colspan="4">能查阅资料，写出起动系统的类型</td><td>15</td><td></td></tr>
<tr><td>5</td><td colspan="4">能按规范流程，完成起动系统的检查</td><td>15</td><td></td></tr>
<tr><td>6</td><td colspan="4">能遵守劳动纪律，以积极的态度接受工作任务</td><td>10</td><td></td></tr>
<tr><td>7</td><td colspan="4">能积极参与小组讨论，发挥团队合作精神</td><td>10</td><td></td></tr>
<tr><td>8</td><td colspan="4">能及时完成教师布置的任务</td><td>10</td><td></td></tr>
<tr><td colspan="5">总　分</td><td>100</td><td></td></tr>
<tr><td>小结
建议</td><td colspan="4"></td><td></td><td></td><td></td></tr>
</table>

学习活动 2 起动机的检查与更换

学习目标

1. 能描述起动机的组成和各部件的功能。
2. 能描述起动机的类型和工作原理。
3. 能进行起动机的拆卸、检查和更换。

建议学时：6 学时。

学习过程

一、起动机的组成和各部件的功能

1．起动机的组成

起动机通常由____________、______机构和______机构三部分组成。

图 2-2-1 所示为起动机的组成示意图，在图下方的横线上填写对应部件的名称。

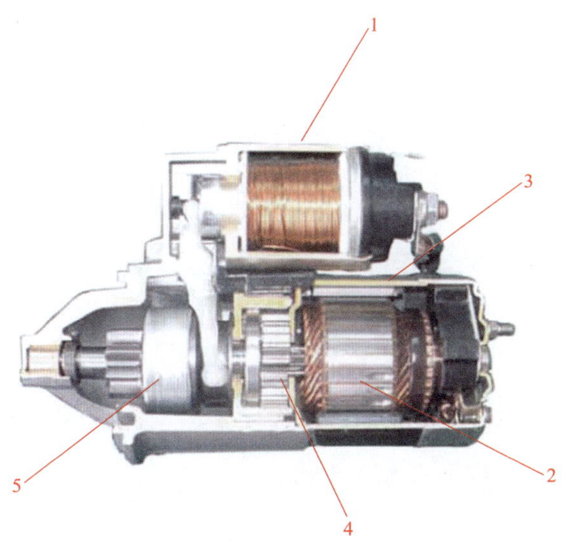

图 2-2-1 起动机的组成示意图

1—________ 2—转子 3—定子 4—减速齿轮 5—__________

（1）直流电动机

如图 2-2-2 所示，直流电动机主要由壳体、________、________、电刷、端盖等组成。直流电动机的作用是将______能转变为______能，产生发动机起动时所需要的电磁转矩。

a）

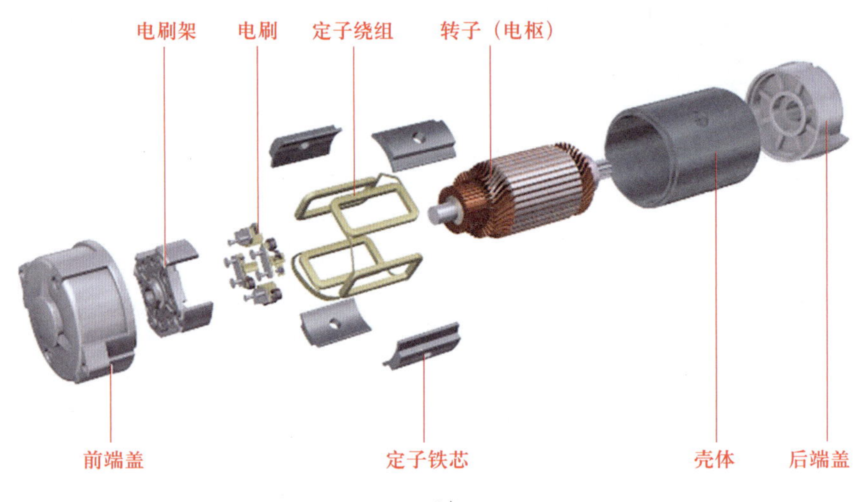

b）

图 2-2-2　直流电动机

a）实物图　b）分解图

（2）传动机构

如图 2-2-3 所示，传动机构由________、__________、单向离合器和拨叉等组成，与电枢轴花键滑动连接。传动机构的作用是在发动机起动时，使驱动齿轮与________啮合，将电动机的转矩传递给发动机飞轮，带动________旋转；在发动机起动后，使驱动齿轮打滑或与飞轮齿圈________。

（3）操纵机构

如图 2-2-4 所示，操纵机构主要是指起动机的______开关。操纵机构用来接通____________与蓄电池之间的电路，同时控制拨叉将驱动齿轮推出与飞轮啮合。

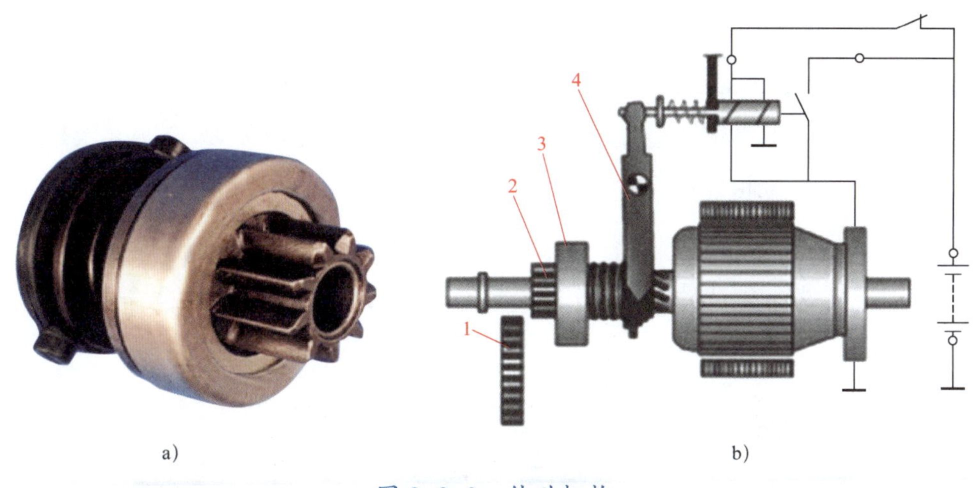

图 2-2-3　传动机构

a）实物图　b）组成示意图

1—飞轮　2—驱动齿轮　3—单向离合器　4—拨叉

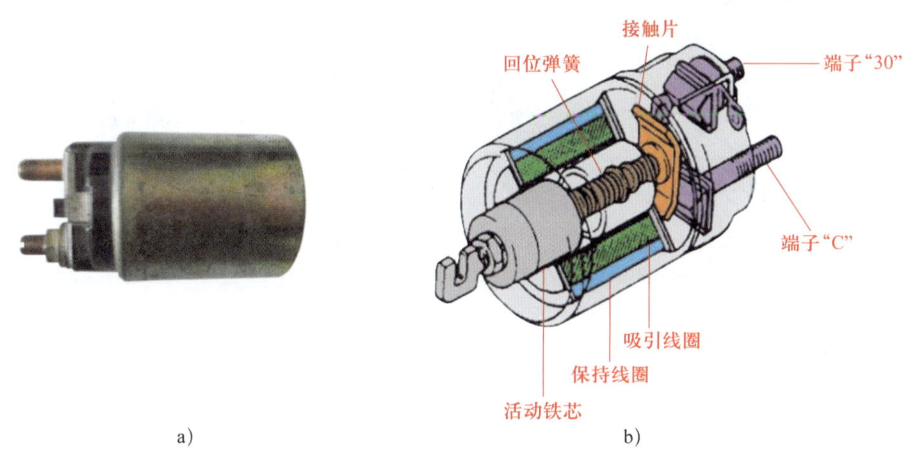

图 2-2-4　电磁开关

a）实物图　b）组成示意图

2．起动机各部件的功能

完成下列起动机各部件与其功能的对应连线。

部件	功能
操纵机构	将蓄电池输入的电能转变为机械能，产生电磁转矩
传动机构	在发动机起动时，将直流电动机的转矩传递给发动机曲轴上的飞轮
直流电动机	通过控制起动电磁开关及杠杆机构，实现起动机驱动齿轮和飞轮齿圈的啮合与分离

二、起动机的类型和工作原理

1．起动机的类型

按照传动机构和电枢转速的不同进行分类，起动机主要有以下类型。

（1）常规型：__________和小齿轮按同种方式旋转的起动机。

（2）减速型：为了降低____________转速并传送给小齿轮，在驱动器和驱动齿轮之间使用惰轮的起动机。

（3）行星型：使用行星齿轮来降低________转速的起动机，比减速型起动机结构紧凑且质量小。

观察本学习任务使用的起动机，判断其属于__________型起动机。

2．起动机的工作原理

起动机的工作原理可以通过其主要部件直流电动机的工作原理来说明。如图 2-2-5 所示，直流电动机是将电能转变为机械能的设备，根据带电导体在磁场中受到______作用这一原理而制成。

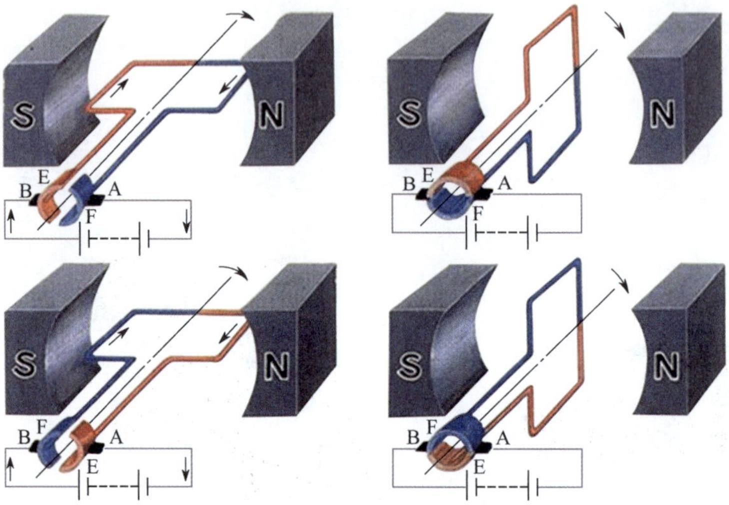

图 2-2-5　起动机的工作原理

由于一个线圈所产生的转矩太小，且转速不稳定，因此，实际上直流电动机的电枢上绕有______线圈，换向片数也随着线圈的增多而相应增加，从而保证产生足够大的______和稳定的______。

三、起动机的常见故障

起动机的常见故障有起动机不转、起动机运转无力、起动机空转和起动机运转不停等。完成下列起动机故障现象及可能故障原因的对应连线。

起动机不转的原因	电磁开关触点烧结、焊死
起动机运转无力的原因	单向离合器打滑或损坏
起动机空转的原因	起动机内部绕组断路或短路
起动机运转不停的原因	电动机绕组局部短路

四、起动机的拆卸、检查与更换

根据起动机的常见故障及可能的故障原因，进行起动机的拆卸、检查与更换。

1．起动机的拆卸

（1）断开蓄电池________极。

（2）拆下起动机的__________和__________导线。

（3）拧松起动机安装________，取下起动机。

2．起动机总成的分解

（1）如图 2-2-6 所示，用扳手旋下电磁开关的端子______及端子______的螺母，取下连接导线。

（2）如图 2-2-7 所示，旋下起动机贯穿螺钉和衬套螺钉，取下衬套座和端盖，取出垫片组件和衬套。

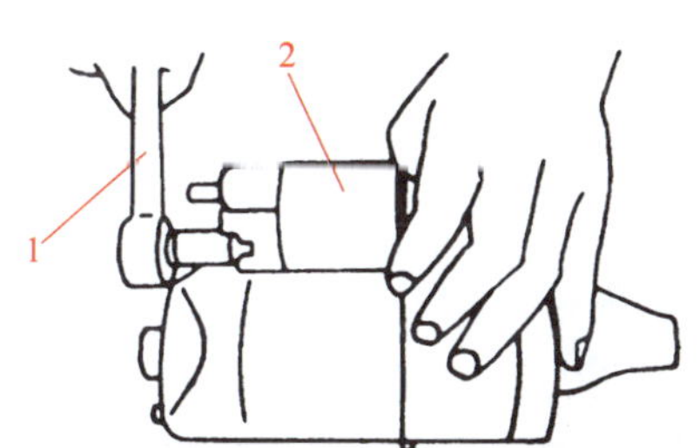

图 2-2-6　拆下电磁开关的导线

1—扳手　2—电磁开关

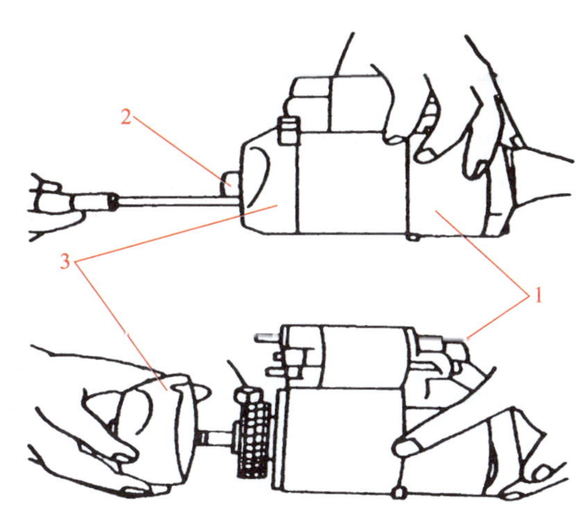

图 2-2-7　拧下起动机连接螺栓并取下端盖

1—贯穿螺钉　2—衬套螺钉　3—端盖

（3）如图 2-2-8 所示，用尖嘴钳将电刷弹簧抬起，拆下________及电刷。

（4）如图 2-2-9 所示，取下定子后，用扳手旋下螺栓，从驱动端盖上取下电磁开关总成。

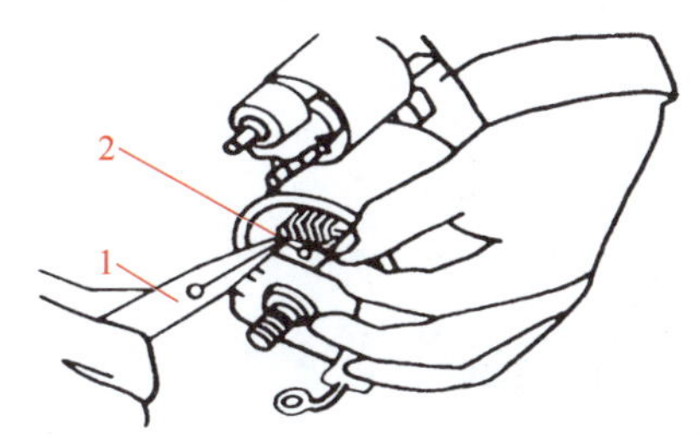

图 2-2-8　拆下电刷及电刷架

1—尖嘴钳　2—电刷弹簧

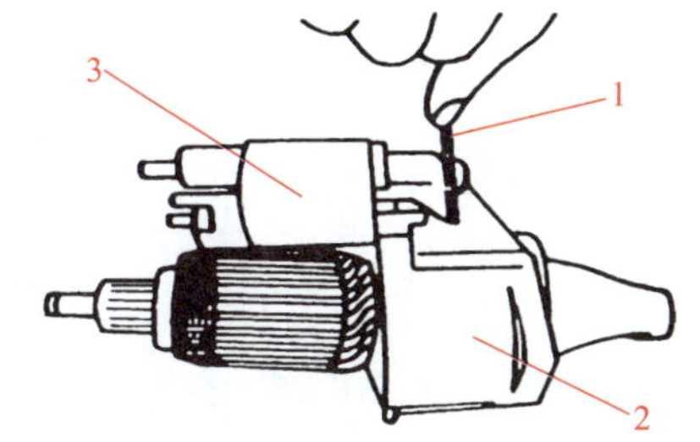

图 2-2-9　拆下电磁开关

1—扳手　2—驱动端盖　3—电磁开关总成

（5）如图 2-2-10 所示，在取出转子后，从端盖上取下拨叉，然后取出驱动齿轮与单向离合器，再取出驱动齿轮端衬套，起动机总成分解完毕。

3．起动机的检查与更换

按照表 2-2-1 所示的起动机的检查与更换项目内容，完成起动机的检查与更换，并将结果记录下来。

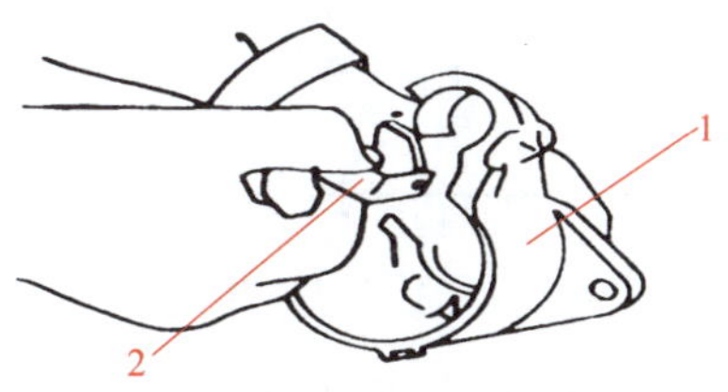

图 2-2-10　取下拨叉

1—端盖　2—拨叉

表 2-2-1　　起动机的检查与更换

序号	项目	内容	结果
1	电枢绕组搭铁检查	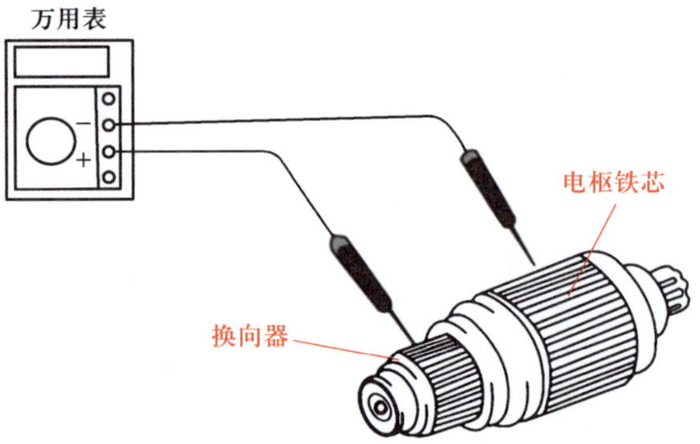 万用表 电枢铁芯 换向器 按图示检查电枢绕组是否搭铁。用万用表检查换向器与电枢铁芯之间的导通情况，应不导通；否则说明电枢绕组搭铁，需更换电枢	□不导通 □需更换
2	定子绕组断路检查	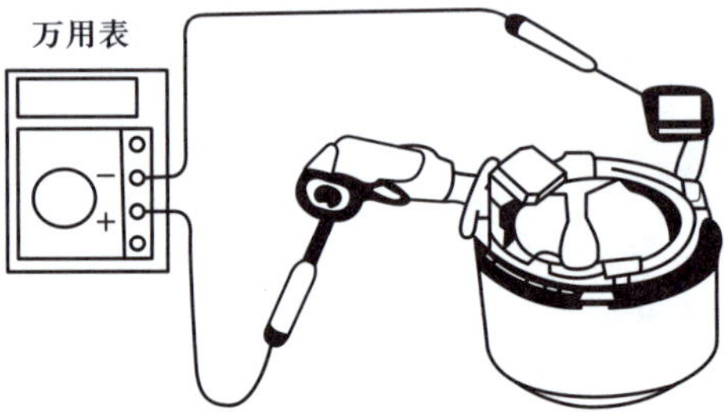 万用表 按图示检查定子绕组是否断路。用万用表检查引线与磁场绕组电刷引线之间的导通情况，应导通；否则需更换磁极框架	□导通 □需更换
3	定子绕组搭铁检查	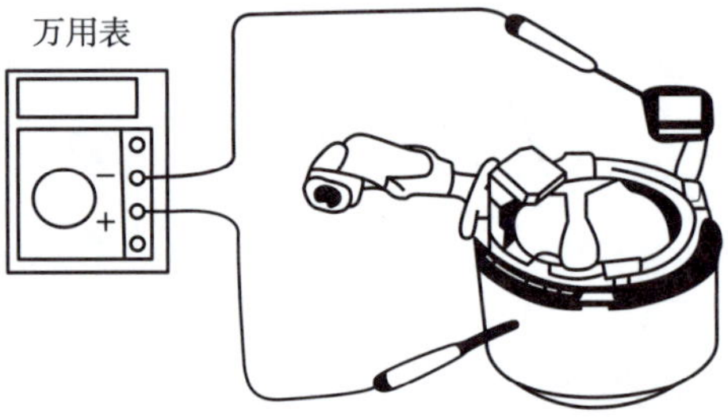 万用表 按图示检查定子绕组是否搭铁。用万用表检查磁场绕组末端与磁极框架之间的导通情况，应不导通；否则需更换磁极框架	□不导通 □需更换

4．起动机总成的组装

起动机总成的组装按照与上述分解的相反步骤进行，组装时需要使用高温润滑脂来润滑轴承、齿轮等的摩擦表面。

五、学习活动评价

学习活动评价见表 2-2-2。

表 2-2-2　　学习活动评价表

班级		姓名		学号		日期	年　月　日
序号	评价要点				配分	得分	总评
1	能正确识读和填写工作页，明确学习活动要求				10		A □（86 ~ 100 分） B □（76 ~ 85 分） C □（60 ~ 75 分） D □（60 分以下）
2	能查阅资料，写出起动机的组成和各部件的功能				20		
3	能查阅资料，写出起动机的类型				10		
4	能查阅资料，写出起动机的工作原理				10		
5	能按规范流程，完成起动机的拆卸、检查与更换				20		
6	能遵守劳动纪律，以积极的态度接受工作任务				10		
7	能积极参与小组讨论，发挥团队合作精神				10		
8	能及时完成教师布置的任务				10		
总　分					100		
小结 建议							

学习活动 3　起动机控制电路简单故障检修

学习目标

1. 能描述起动机控制电路的组成和作用。
2. 能进行起动机控制电路的识读。
3. 能分析并确定起动机控制电路的简单故障和原因。
4. 能进行起动机控制电路简单故障检修。

建议学时：6 学时。

学习过程

一、起动机控制电路的组成和作用

图 2-3-1 所示为起动机控制电路的组成，包括蓄电池、起动机、起动继电器、点火开关等部件。查阅资料，将起动机控制电路接线端子的名称及作用填写在表 2-3-1 中。

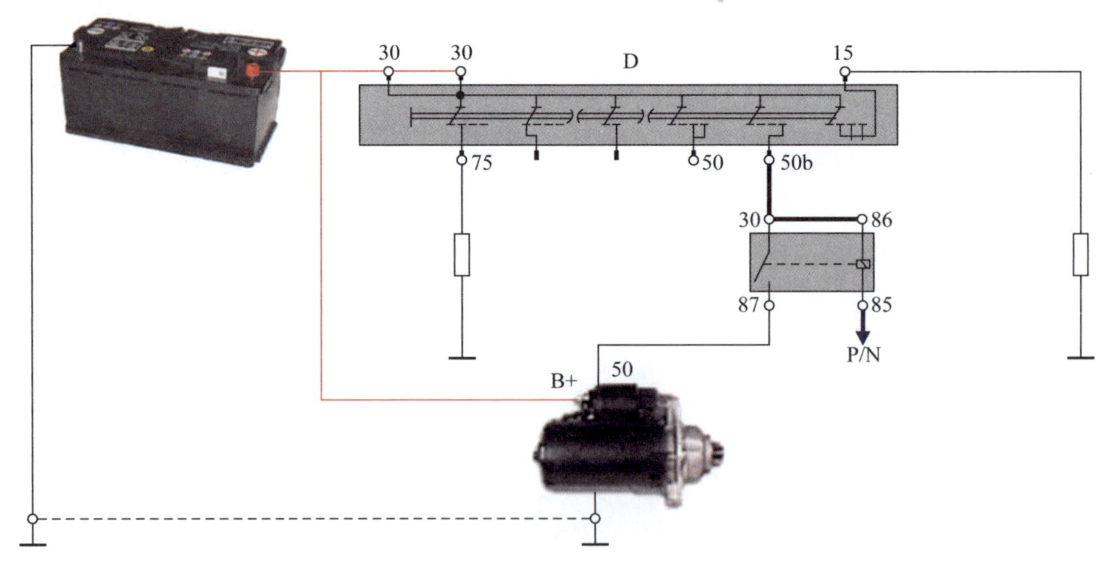

图 2-3-1　起动机控制电路的组成

表 2-3-1　起动机控制电路的接线端子的名称及作用

部件	端子名称	作用
蓄电池		
起动机		
起动继电器		
点火开关		

二、起动机控制电路的识读

1．图 2-3-2 所示为无起动继电器控制的起动系统控制电路，包括蓄电池、点火开关、起动机等，识读该控制电路并补充填写相关内容。

（1）当点火开关位于“起动（ST）”挡时，蓄电池正极→熔丝→点火开关“起动（ST）”挡→

起动机端子“50”{ →____线圈→搭铁；→____线圈→端子“C”→定子线圈→转子线圈→搭铁 }→驱动小齿轮 11 缓慢旋转并甩出与飞轮 12 啮合。

（2）起动中，蓄电池正极→起动机端子“30”→端子“C”→定子线圈→转子线圈→搭铁，驱动小齿轮 11 高速旋转。

蓄电池正极→点火开关“起动（ST）”挡→起动机端子“50”→____线圈→搭铁。

（3）“起动”后，点火开关“起动（ST）”挡断开，蓄电池正极→起动机端子“30”→

端子“C”{ →____线圈→____线圈→搭铁；→定子线圈→转子线圈→搭铁 }→驱动小齿轮 11 复位并停止。

2．图 2-3-3 所示是起动继电器控制的起动系统控制电路，包括蓄电池、点火开关、起动继电器和起动机等。识读该控制电路并补充填写相关内容。

当点火开关置于“起动（ST）”挡时，蓄电池正极→熔丝→点火开关“起动（ST）”挡→起动机继电器________→搭铁。

{ 蓄电池正极→熔丝→起动继电器________→起动机端子“50”；蓄电池正极→起动机端子“30” }→起动机→搭铁，起动机工作。

3．图 2-3-4 所示为模块控制的起动系统控制电路，包括蓄电池、点火开关、起动继电器、起动机和车身控制单元（ECU）以及熔丝、仪表板接线盒等。

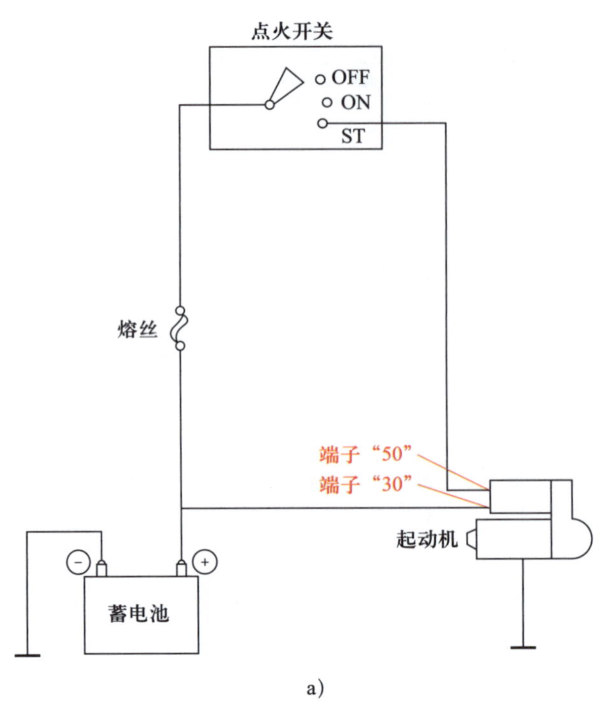

a)

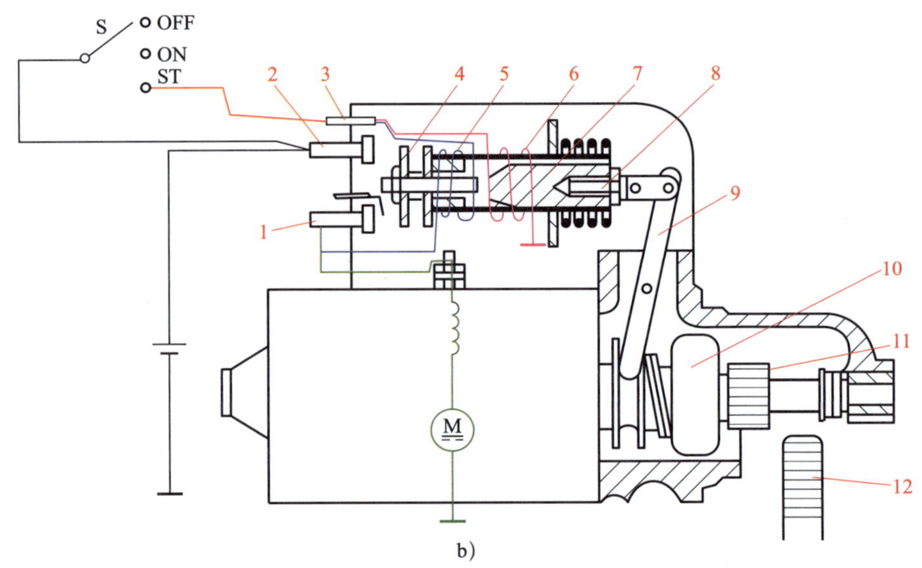

b)

图 2-3-2　无起动继电器控制的起动系统控制电路

a）控制电路图　b）起动系统内部接线示意图

1—端子“C”　2—端子“30”　3—端子“50”　4—接触盘　5—吸引线圈　6—保持线圈　7—铁芯　8—调节螺钉　9—拨叉　10—单向离合器　11—小齿轮　12—飞轮

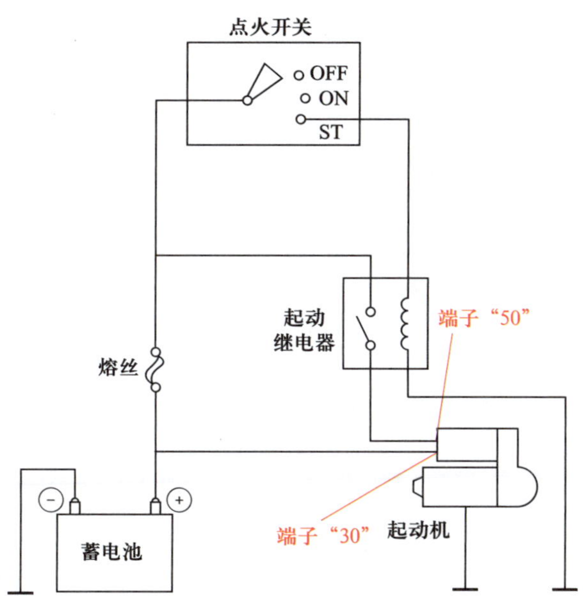

图 2-3-3　起动继电器控制的起动系统控制电路

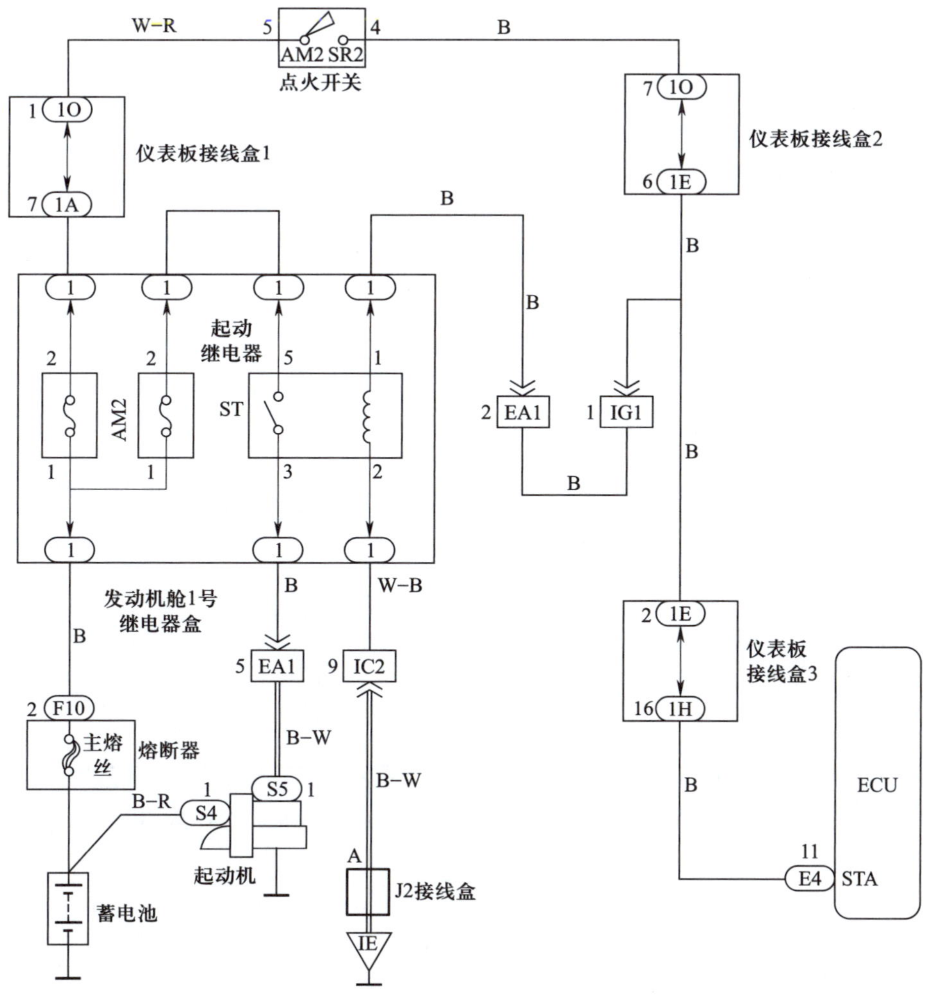

图 2-3-4　模块控制的起动系统控制电路

当点火开关处于“起动（ST）”挡时，接通控制电路。

（1）第一级控制电路：蓄电池正极→主熔丝→发动机舱 1 号继电器盒内________→仪表板接线盒 1→点火开关→仪表板接线盒 2。

此时，控制电路被分成以下两条支路：

1）进入 ECU 插接器端子 STA，ECU 接收起动信号后，控制喷油控制电路等的动作。

2）进入起动继电器线圈，控制常开开关的闭合：起动继电器线圈→ IC2 插接器→________→搭铁→蓄电池负极。

（2）第二级控制电路：蓄电池正极→主熔丝→发动机舱 1 号继电器盒内 ST 熔丝→____________→ EA1 插接器→起动机端子“S5”（吸引线圈和保持线圈）→搭铁→蓄电池负极。

此时，起动机电磁开关闭合，接通起动机主电路：蓄电池正极→起动机端子“S4”→__________→搭铁→蓄电池负极，起动机开始工作。

三、起动机控制电路的常见故障

1．分析故障原因

查阅资料，在表 2–3–2 中填写起动机控制电路故障可能的故障原因。

表 2–3–2　　起动机控制电路故障原因分析

故障现象		可能的故障原因
起动机不转	起动机不转，但前照灯正常亮	
	起动机不转，前照灯明显变暗	
	起动机不转，前照灯不亮	
起动机空转	起动机旋转，发动机没有反应	
	起动机旋转，发动机旋转但不起动	
起动机运转无力	起动机旋转缓慢，前照灯不亮	
	起动机旋转缓慢，前照灯正常亮	

2．制定检修方案

（1）根据具体工作内容，明确小组成员分工，填写在表 2–3–3 中。

表 2–3–3　　小组成员分工

姓名	分工

（2）按照要求准备工量具及材料，并填写在表 2–3–4 中。

表 2–3–4　　作业需要的工量具

序号	工量具及材料名称	数量
1		
2		
3		
4		
5		

（3）根据小组分工情况及客户要求，制定具体的检修工序，填写在表 2–3–5 中。

表 2–3–5　　检修工序安排

序号	检修工序内容	备注

四、起动机控制电路简单故障检修

结合电路图 2–3–2，按照图 2–3–5 所示起动机控制电路检修流程，完成起动机控制电路的检查，判断故障部位，必要时按技术标准完成对起动系统主要部件的更换。

起动机控制电路出现故障时，应从蓄电池、__________、__________等涉及整个起动系统的部位着手进行检查并排除故障。

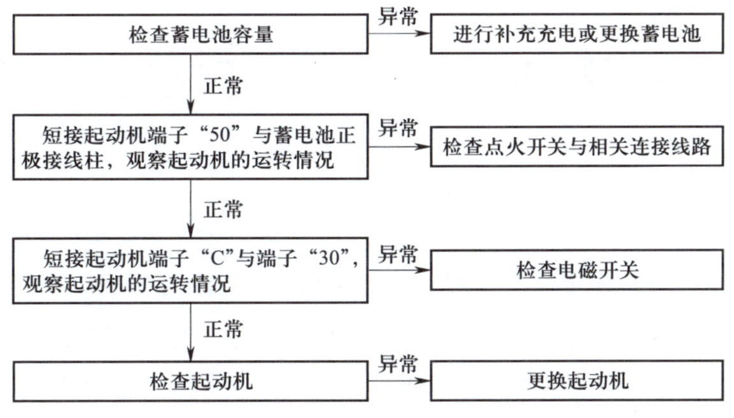

图 2–3–5　起动机控制电路检修流程

1．起动机不转故障检修

（1）检查蓄电池容量

测量蓄电池电压为______V，蓄电池容量为______A · h，检查蓄电池接线柱柱头________（可靠 / 松动 / 有腐蚀），起动机控制电路熔断器______（正常 / 不正常），检查从蓄电池正极到熔断器之间的线路________（通路 / 断路 / 短路）。检查前面这些内容所用的工具是______________（万用表 / 蓄电池容量测试仪 / 其他）。通过上述操作，可以判断蓄电池________。若蓄电池异常，应进行补充充电或更换蓄电池。

（2）短接起动机端子“50”与蓄电池正极接线柱，观察起动机的运转情况

短接后发现起动机____________（无反应 / 正常运转 / 电磁开关有吸合声，无运转 / 其他）。通过上述操作，可以判断起动机运转____________。若起动机运转异常，应检查点火开关相关线路。

（3）检查点火开关与相关连接线路

检查点火开关“起动（ST）”挡所用的工具是______（万用表 / 普通试灯 / 发光二极管 / 其他），点火开关的其他挡位______（正常 / 不正常）。通过上述操作和检测结果，可以判断点火开关____________。若点火开关异常，应更换点火开关。

（4）短接起动机端子“C”与端子“30”，观察起动机的运转情况

短接后发现直流电动机________（无反应 / 空转 / 不正常转动），可以判断电磁开关________。若电磁开关异常，应更换起动机。

（5）检查起动机

短接起动机开关接线柱，起动机仍然不转。从汽车上拆下起动机进行解体检测，确认故障原因并修复，将其重新装回汽车上。否则应更换起动机。

2．起动机空转故障检修

（1）短接起动机端子“C”与端子“30”，观察起动机的运转情况

短接后发现直流电动机________（空转 / 不正常转动），可以判断电磁开关______。若电磁开关异常，应更换起动机。

（2）检查起动机传动机构

从汽车上拆下起动机，将起动机解体后检测单向离合器，确定故障原因并修复，将其重新装回汽车上。否则应更换起动机。

3．起动机运转无力故障检修

（1）检查蓄电池容量

测量蓄电池电压为______V，蓄电池容量为______ A · h，检查蓄电池接线柱柱头______（可靠 / 松动 / 有腐蚀），起动机控制电路熔断器______（正常 / 不正常），检查从蓄电池正极到熔断器之间的线路________（通路 / 断路 / 短路）。检查前面这些内容所用的工具是______________（万用表 / 蓄电池容量测试仪 / 其他）。通过上述操作，可以判断蓄电池________。若蓄电池异常，应进行补充充电或更换蓄电池。

（2）短接起动机端子“50”与蓄电池正极接线柱，观察起动机的运转情况

短接后发现起动机________（无反应/正常运转/电磁开关有吸合声，无运转/其他）。通过上述操作，可以判断起动机运转____________。若起动机运转异常，应继续检查其他端子的工作情况。

（3）短接起动机端子“C”与端子“30”，观察起动机运转情况

短接后发现起动机的直流电动机________（无反应/空转/不正常转动），可以判断电磁开关______。若电磁开关异常，应更换起动机。

五、学习活动评价

学习活动评价见表2-3-6。

表2-3-6 学习活动评价表

<table>
<tr><td>班级</td><td></td><td>姓名</td><td></td><td>学号</td><td></td><td>日期</td><td>年 月 日</td></tr>
<tr><td>序号</td><td colspan="4">评价要点</td><td>配分</td><td>得分</td><td>总评</td></tr>
<tr><td>1</td><td colspan="4">能正确识读和填写工作页，明确学习活动要求</td><td>10</td><td></td><td rowspan="10">A □（86～100分）
B □（76～85分）
C □（60～75分）
D □（60分以下）</td></tr>
<tr><td>2</td><td colspan="4">能查阅资料，写出起动机控制电路的组成</td><td>10</td><td></td></tr>
<tr><td>3</td><td colspan="4">能查阅资料，写出起动机控制电路的作用</td><td>10</td><td></td></tr>
<tr><td>4</td><td colspan="4">能查阅资料，进行起动机控制电路的识读</td><td>10</td><td></td></tr>
<tr><td>5</td><td colspan="4">能查阅资料，写出起动机控制电路常见故障的原因</td><td>10</td><td></td></tr>
<tr><td>6</td><td colspan="4">能按规范流程，完成起动机控制电路简单故障检修</td><td>20</td><td></td></tr>
<tr><td>7</td><td colspan="4">能遵守劳动纪律，以积极的态度接受工作任务</td><td>10</td><td></td></tr>
<tr><td>8</td><td colspan="4">能积极参与小组讨论，发挥团队合作精神</td><td>10</td><td></td></tr>
<tr><td>9</td><td colspan="4">能及时完成教师布置的任务</td><td>10</td><td></td></tr>
<tr><td colspan="5">总 分</td><td>100</td><td></td></tr>
<tr><td>小结
建议</td><td colspan="7"></td></tr>
</table>

学习活动 4　工作总结与评价

学习目标

1. 能以小组形式，对学习过程和成果进行总结。
2. 能完成对学习过程的综合评价。

建议学时：2 学时。

学习过程

一、工作总结

在世界技能大赛中，选手应具有一定的组织规划、沟通、创新等能力，这在实际的生产工作中是十分必要的。以小组为单位，选择演示文稿、展板、海报、视频等形式中的一种或几种，向全班展示、汇报学习成果。

二、综合评价

针对本任务的学习情况，根据表 2–4–1 所列综合评价标准进行评分。

表 2–4–1　综合评价标准

评价项目	评价内容及标准	配分	评分		
			自我评价	小组评价	教师评价
工作组织和管理	团队合作，合理计划，高效管理时间	3			
	定期检查工作进展和效果	3			
	保证高质量完成工作	4			
沟通能力	深度咨询客户，完全理解其要求	10			
	提供明确说明，准确回答客户的疑问	10			
计划创新能力	及时处理工作中遇到的问题	10			
	提出创新性、可行性建议，提高客户满意度	10			

续表

评价项目	评价内容及标准	配分	评分		
			自我评价	小组评价	教师评价
专业知识	具备起动系统各部件的组成、功能、原理等知识	10			
	具备起动系统故障检修知识	10			
实践能力	具备起动系统检修技能	5			
	具备起动机检查与更换检修技能	5			
	具备起动机控制电路识读技能	10			
	具备起动机控制电路简单故障检修技能	10			
学生姓名		综合评价得分			
指导教师		日期			

三、学习任务二整体评价

学习任务二整体评价见表 2-4-2。

表 2-4-2　学习任务二整体评价表

项目	自我评价			小组评价			教师评价		
	10～9 分	8～6 分	5～1 分	10～9 分	8～6 分	5～1 分	10～9 分	8～6 分	5～1 分
	占总评 10%			占总评 30%			占总评 60%		
学习活动 1									
学习活动 2									
学习活动 3									
学习活动 4									
组织能力									
协作精神									
纪律观念									
表达与分析能力									
工作态度									
任务总体表现									
小计分									
总评分									

世赛知识

心理素质训练

在奥运会的决赛场上，往往最终较量的就是选手的心理素质。因此，世界技能大赛的集训选手都会接受一定程度的心理素质训练。选手长期处于高度紧张状态，特别是最终坚持到世界技能大赛的选手，在世界技能大赛的赛场上还要经受前所未有的压力，如果没有强大的内心，面对各种考验的时候一旦陷入焦虑、恐慌、急躁甚至茫然的状态，必然无法发挥出正常的水平，从而直接影响比赛成绩。因此，心理素质训练是选手日常训练的一个重要组成部分，有的集训基地会邀请心理专家全程参与对选手的心理测评和辅导工作。一般来说，在集训的各个阶段，心理素质训练的重点和方法会有一定的差别。

世界技能大赛是精细化程度高、操作难度大、高手之间的激烈竞技活动，因此，对参赛选手的心理素质训练要将常规化与个性化相结合。心理素质的重要性会随着比赛的临近而提高，冲刺阶段的心理素质训练尤为重要，一般在赛前 1 ~ 2 个月进行。针对选手存在的共性和个性心理问题，依据一定的理论开展心理素质训练，最大限度地使选手在竞赛时形成最佳的竞技心理准备状态，使其在竞赛中立于不败之地。不仅如此，心理素质训练还可以扩展到其生活的其他方面，促进选手形成良好的行为习惯，进而促进其心理品质和人格的发展，进一步提高其生活质量。

学习任务三　汽车前照灯不亮故障检修

学习目标

1. 能识别照明系统的组成及各部件的安装位置。

2. 能描述照明系统的作用与类型。

3. 能进行照明系统的检查。

4. 能描述前照灯的作用和组成。

5. 能描述前照灯的类型和工作原理。

6. 能进行前照灯的检查和更换。

7. 能描述相关法律法规及标准对前照灯的要求。

8. 能正确使用前照灯检测仪对前照灯进行检测。

9. 能进行前照灯灯光的检测和调整。

10. 能描述前照灯控制电路的组成和作用。

11. 能进行前照灯控制电路的识读。

12. 能分析并确定前照灯控制电路的简单故障和原因。

13. 能进行前照灯控制电路简单故障检修。

14. 能对维修场地设备进行日常维护保养，按“6S”管理规定要求清理现场。

15. 能对相关资料、互联网资源进行检索，完成检修工单和工作页的填写。

16. 能展示工作成果，进行任务评价，总结工作经验，优化检修方案。

17. 能在作业过程中执行企业操作规范、安全生产制度、环保管理制度，严格遵守从业人员的职业道德，具有吃苦耐劳、爱岗敬业的工作态度和职业责任感。

建议学时

16 学时。

工作情境描述

某客户在夜间驾驶汽车行车时，发现汽车前照灯无法正常使用，于是将汽车开往维修站进行维修。经班组长检查，初步判断为汽车前照灯系统故障。汽车修理工需要根据维修手册相关要求，在规定时间内，参照维修资料完成对汽车前照灯系统的检查与零部件的更换工作，自检合格后交付班组长验收。

工作流程与活动

1．照明系统的认知（2 学时）

2．前照灯的检查与更换（4 学时）

3．前照灯灯光的检测与调整（4 学时）

4．前照灯控制电路简单故障检修（4 学时）

5．工作总结与评价（2 学时）

思维导图

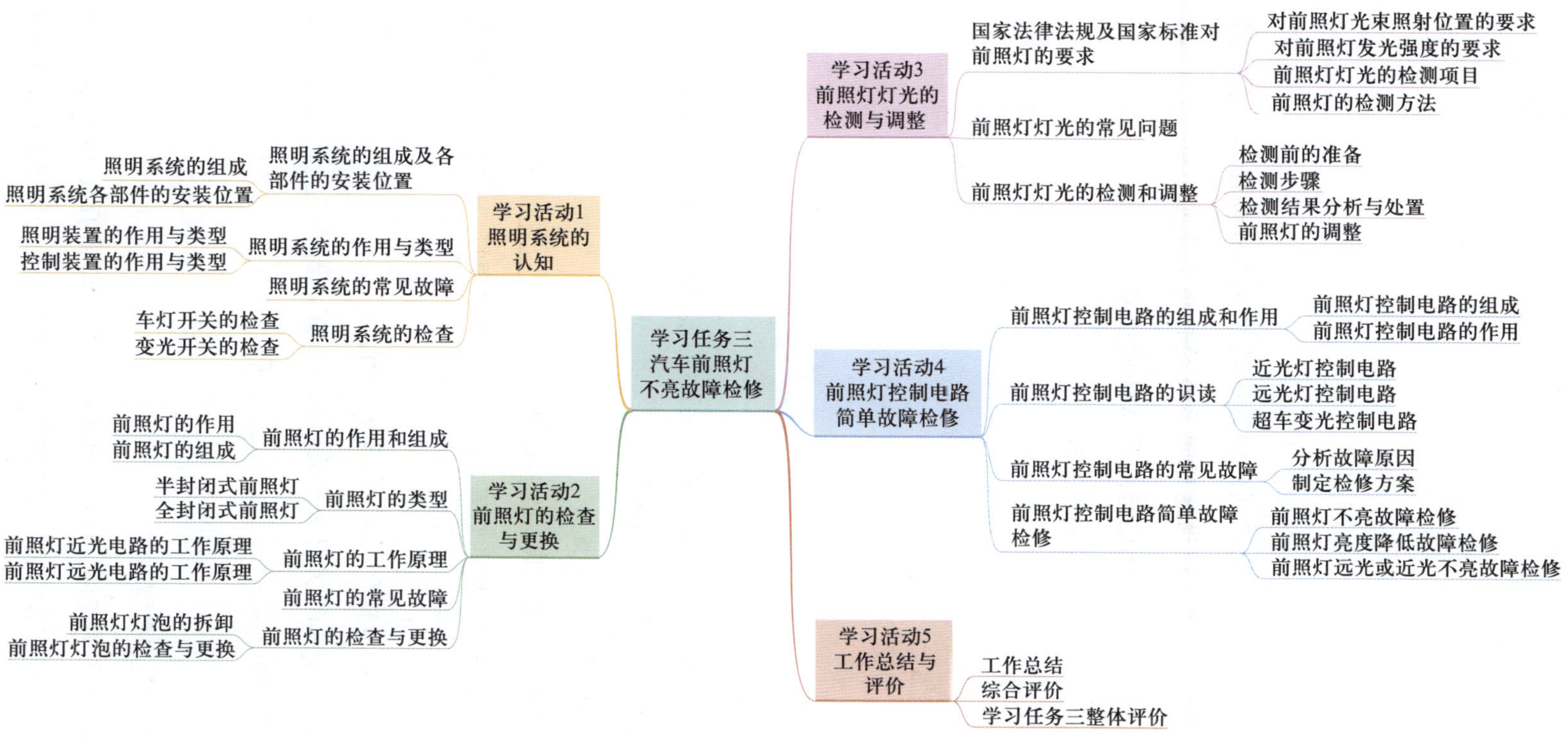

- 学习任务三 汽车前照灯不亮故障检修
  - 学习活动1 照明系统的认知
    - 照明系统的组成及各部件的安装位置
      - 照明系统的组成
      - 照明系统各部件的安装位置
    - 照明系统的作用与类型
      - 照明装置的作用与类型
      - 控制装置的作用与类型
    - 照明系统的常见故障
    - 照明系统的检查
      - 车灯开关的检查
      - 变光开关的检查
  - 学习活动2 前照灯的检查与更换
    - 前照灯的作用和组成
      - 前照灯的作用
      - 前照灯的组成
    - 前照灯的类型
      - 半封闭式前照灯
      - 全封闭式前照灯
    - 前照灯的工作原理
      - 前照灯近光电路的工作原理
      - 前照灯远光电路的工作原理
    - 前照灯的常见故障
    - 前照灯的检查与更换
      - 前照灯灯泡的拆卸
      - 前照灯灯泡的检查与更换
  - 学习活动3 前照灯灯光的检测与调整
    - 国家法律法规及国家标准对前照灯的要求
      - 对前照灯光束照射位置的要求
      - 对前照灯发光强度的要求
      - 前照灯灯光的检测项目
      - 前照灯的检测方法
    - 前照灯灯光的常见问题
    - 前照灯灯光的检测和调整
      - 检测前的准备
      - 检测步骤
      - 检测结果分析与处置
      - 前照灯的调整
  - 学习活动4 前照灯控制电路简单故障检修
    - 前照灯控制电路的组成和作用
      - 前照灯控制电路的组成
      - 前照灯控制电路的作用
    - 前照灯控制电路的识读
      - 近光灯控制电路
      - 远光灯控制电路
      - 超车变光控制电路
    - 前照灯控制电路的常见故障
      - 分析故障原因
      - 制定检修方案
    - 前照灯控制电路简单故障检修
      - 前照灯不亮故障检修
      - 前照灯亮度降低故障检修
      - 前照灯远光或近光不亮故障检修
  - 学习活动5 工作总结与评价
    - 工作总结
    - 综合评价
    - 学习任务三整体评价

学习活动 1　照明系统的认知

学习目标

1. 能识别照明系统的组成及各部件的安装位置。
2. 能描述照明系统的作用与类型。
3. 能进行照明系统的检查。

建议学时：2 学时。

学习过程

一、照明系统的组成及各部件的安装位置

1．照明系统的组成

汽车照明系统由电源、照明装置和控制装置组成。照明装置包括外部灯、内部灯和工作照明灯，控制装置包括车灯开关、变光开关和灯光继电器等。

2．照明系统各部件的安装位置

汽车上一般安装有几十个灯具，这些灯具一部分起______作用，一部分起__________作用。照明装置中的外部灯包括前照灯、雾灯、牌照灯等，内部灯包括仪表灯、顶灯、阅读灯等，工作照明灯包括行李舱灯、发动机舱灯等。

图 3–1–1 所示为照明装置在汽车上的安装位置。

控制装置的车灯开关和变光开关一般组合在一起，安装在____________上，以便于驾驶员操作。灯光继电器一般安装在发动机舱的________________内。

二、照明系统的作用与类型

1．照明装置的作用与类型

照明装置主要用于照明道路，标示车辆宽度，照亮车厢内部、仪表以及方便夜间检修等。

____________灯用于汽车在夜间或在隧道内行驶时，通知后面的车辆前方有车辆在行驶。

____________灯可告知附近的其他车辆本车辆的位置和宽度。

____________灯使车辆在夜间行驶时，其牌照清晰可见。

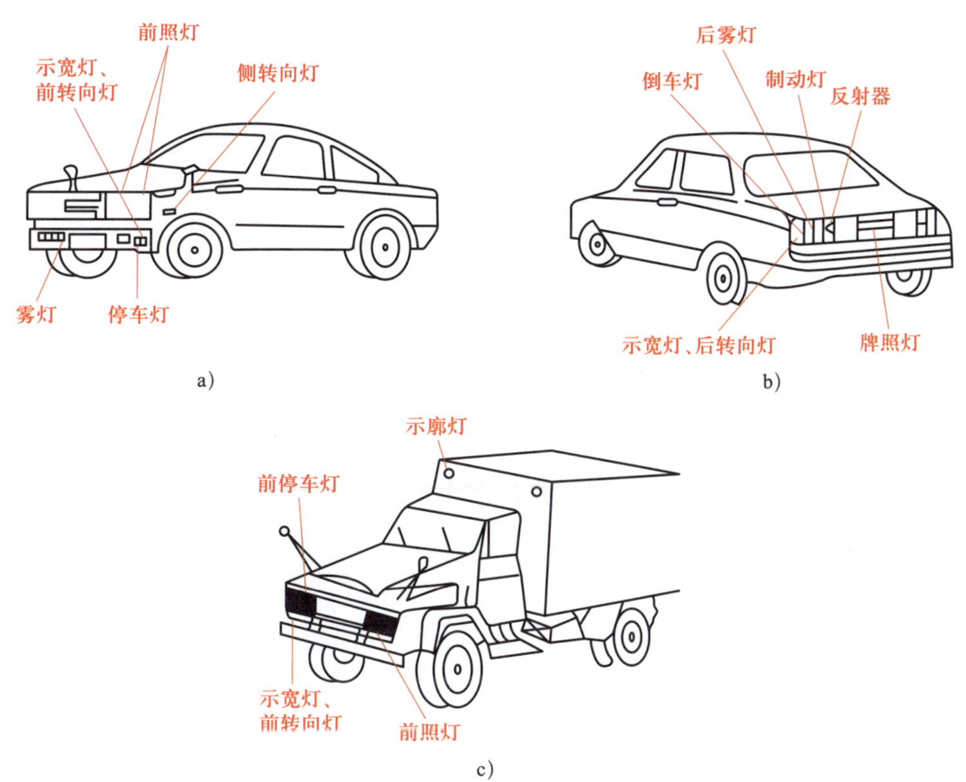

图 3-1-1　照明装置在汽车上的安装位置

a）轿车前部灯具　b）轿车后部灯具　c）货车前部灯具

__________灯使车辆在较低的能见度情况下（如雾天或者下雨天）行驶时，辅助指示灯可以被使用。

__________灯使车辆的仪表在夜间可以被看到。

2．控制装置的作用与类型

（1）如图 3-1-2 所示，车灯开关有旋钮式、按钮式和__________式等多种。目前车辆上多采用组合开关，安装在转向盘上方，以便于驾驶员操作。组合开关将_____________、________及________________等功能组合成一体。

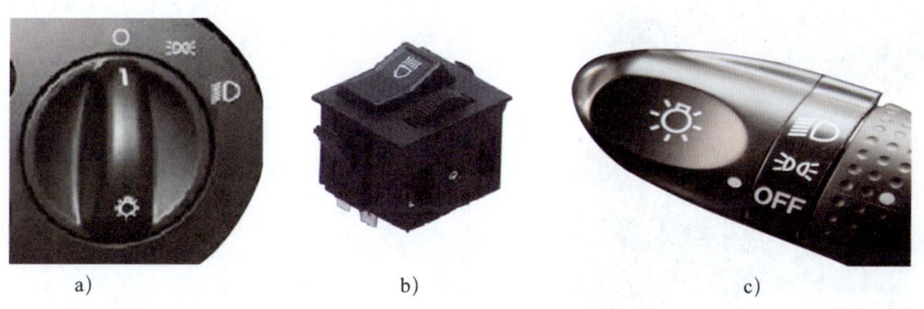

图 3-1-2　车灯开关的类型

a）旋钮式　b）按钮式　c）______

（2）变光开关可以根据需要将前照灯灯光切换成_________和_________，同时具有超车变光功能。

（3）由于前照灯的工作电流大，如果用开关直接控制，则车灯开关____________，因此，在汽车上安装了灯光继电器，用来保护______________。

图 3–1–3 所示为灯光继电器的结构与引线端子，查阅相关资料，可知端子“SW”与端子“E”之间线圈的电阻值是______Ω；端子“B”与端子“L”之间断开时线圈的电阻值是________，闭合后是_____Ω。

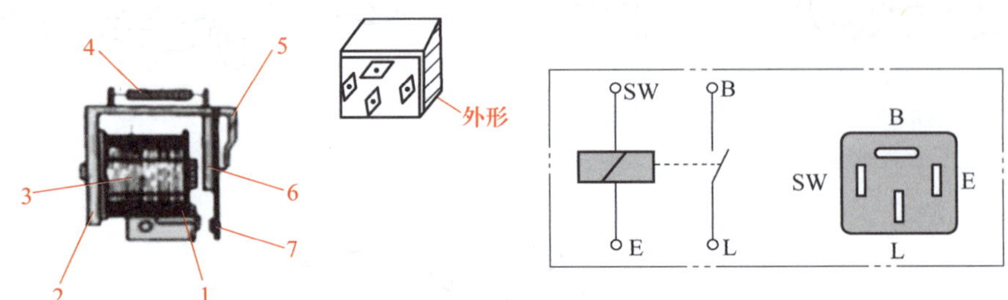

图 3–1–3　灯光继电器的结构与引线端子

1—静触点　2—支架　3—线圈　4—弹簧　5—限位卡　6—衔铁　7—动触点

三、照明系统的常见故障

照明系统的常见故障现象有：近光灯不亮、远光灯不亮、雾灯不亮等，可能的故障原因有：____。

四、照明系统的检查

根据照明系统的常见故障现象及可能的故障原因，进行照明系统的检查。

1．车灯开关的检查

按照表 3–1–1 所示完成车灯开关的操作检查，并将操作步骤补充完整。

表 3–1–1　车灯开关的操作检查

序号	图示	操作步骤
1		转动组合开关，当组合开关置于“OFF”挡时，前照灯、尾灯、牌照灯、仪表灯均_____
2		当组合开关置于“●”挡时，前照灯_________，其余_________、_________、_________、_________均打开
3		当组合开关置于“≣D”挡时，________________、_________、_________、_________、_________均打开

2．变光开关的检查

（1）如图 3–1–4 所示，当使用远光时，打开前照灯并将操纵杆向______（内 / 外）推，位置应在______（1/2/3）处，仪表板上的远光指示灯处于__________状态。

（2）当使用近光时，将操纵杆向________（内 / 外）推，位置应在____（1/2/3）处，仪表板上的远光指示灯处于______状态。

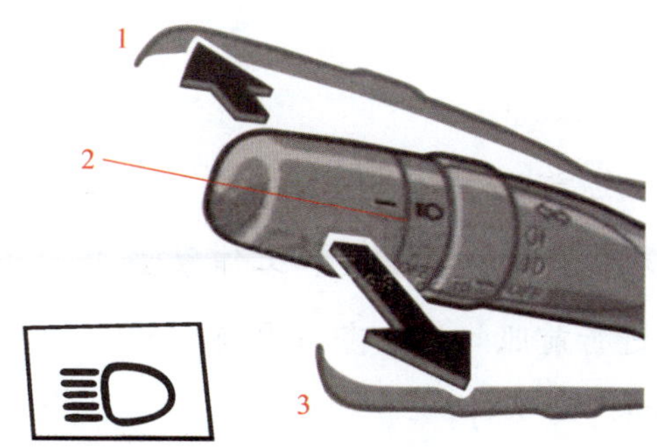

图 3–1–4　变光开关的检查

（3）将变光开关操纵杆一直向里拉，当松开操纵杆时，前照灯远光__________。将变光开关操纵杆置于“________”（ON/OFF）挡时，也可以使前照灯远光闪烁（位置 3）。

五、学习活动评价

学习活动评价见表 3–1–2。

表 3–1–2　学习活动评价表

<table>
<tr><td>班级</td><td></td><td>姓名</td><td></td><td>学号</td><td></td><td>日期</td><td>年　月　日</td></tr>
<tr><td>序号</td><td colspan="4">评价要点</td><td>配分</td><td>得分</td><td>总评</td></tr>
<tr><td>1</td><td colspan="4">能正确识读和填写工作页，明确学习活动要求</td><td>10</td><td></td><td rowspan="9">A □（86 ~ 100 分）
B □（76 ~ 85 分）
C □（60 ~ 75 分）
D □（60 分以下）</td></tr>
<tr><td>2</td><td colspan="4">能查阅资料，写出照明系统的组成</td><td>15</td><td></td></tr>
<tr><td>3</td><td colspan="4">能查阅资料，写出照明系统的作用与类型</td><td>15</td><td></td></tr>
<tr><td>4</td><td colspan="4">能对照实车，指出照明系统各部件的安装位置</td><td>15</td><td></td></tr>
<tr><td>5</td><td colspan="4">能按规范流程，完成照明系统的检查</td><td>15</td><td></td></tr>
<tr><td>6</td><td colspan="4">能遵守劳动纪律，以积极的态度接受工作任务</td><td>10</td><td></td></tr>
<tr><td>7</td><td colspan="4">能积极参与小组讨论，发挥团队合作精神</td><td>10</td><td></td></tr>
<tr><td>8</td><td colspan="4">能及时完成教师布置的任务</td><td>10</td><td></td></tr>
<tr><td colspan="5">总　分</td><td>100</td><td></td></tr>
<tr><td>小结
建议</td><td colspan="7"></td></tr>
</table>

学习活动 2　前照灯的检查与更换

学习目标

1. 能描述前照灯的作用和组成。
2. 能描述前照灯的类型和工作原理。
3. 能进行前照灯的检查与更换。

建议学时：4 学时。

学习过程

一、前照灯的作用和组成

1．前照灯的作用

前照灯俗称大灯，安装在汽车头部两侧，用来照亮车辆前方道路，发出的光一般为白色或黄色。根据相关国家标准规定，车辆的前照灯必须有近光和远光两种照明方式，并且可以在两者之间转换。前照灯的主要用途是__________，也可用远光和近光之间的变换作为__________信号。

2．前照灯的组成

前照灯由反射镜、配光镜和灯泡组成。查阅资料，补充填写表 3–2–1 中的相关内容。

表 3–2–1　前照灯的作用和材质

前照灯的组成	作用	图示	材质
反射镜			
配光镜			

续表

前照灯的组成	作用	图示	材质
灯泡	作为前照灯的光源		一般有充气灯泡、卤钨灯泡、高压放电氙气灯泡和 LED 灯泡等

（1）反射镜

前照灯反射镜由薄钢板经冲压而成，为旋转抛物面形状，内表面多用真空镀铝，镀铝层反光率为 94%。

（2）配光镜

前照灯配光镜又称散光玻璃，由透光玻璃压制而成，是很多块特殊的棱镜和透镜的组合，安装于__________之前。

（3）灯泡

前照灯灯泡的灯丝由功率大的______灯丝和功率较小的______灯丝组成，由钨丝制作成________状，以缩小灯丝的尺寸，有利于光束的聚合。查阅相关资料可知，桑塔纳汽车上采用的灯泡型号是__________。氙气前照灯的 H1 是单丝单脚的，多用于______________（远光 / 近光）；H7 是单丝双脚的，多用于__________（远光 / 近光）。

二、前照灯的类型

按照结构不同，前照灯可分为半封闭式前照灯和全封闭式前照灯两大类。

1．半封闭式前照灯

图 3-2-1 所示是半封闭式前照灯，其配光镜（即玻璃灯罩）靠卷曲反射镜周边牙齿而紧固在__________上，两者之间垫有橡皮密封圈，拆卸灯泡时从反射镜后方进行，不必拆下__________，减少了对光学组件的影响因素，维护方便，但______________。

2．全封闭式前照灯

图 3-2-2 所示为全封闭式前照灯，全封闭式前照灯的灯丝焊在______底座上，________与__________融合为一体而形成灯泡，灯泡里面充入__________。全封闭式前照灯完全避免了反射镜的污染，但成本较高。全封闭式前照灯可分为普通前照灯、氙气前照灯、多反射镜前照灯和投射式前照灯等类型。

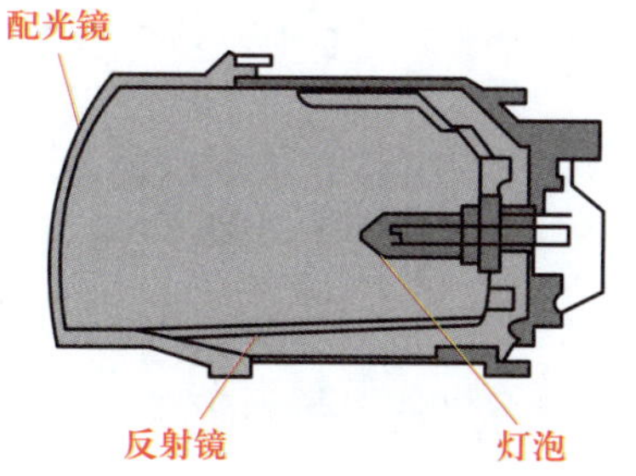

图 3-2-1　半封闭式前照灯

（1）氙气前照灯

图 3-2-3 所示为氙气前照灯，它利用配套电子镇流器将汽车电池____电压瞬间提升到______以上，成为触发电压，将氙气前照灯中的氙气电离形成电弧放电并使之稳定发光，以提供稳定的汽车前照灯照明。氙气前照灯的亮度是普通卤素灯泡亮度的________倍。

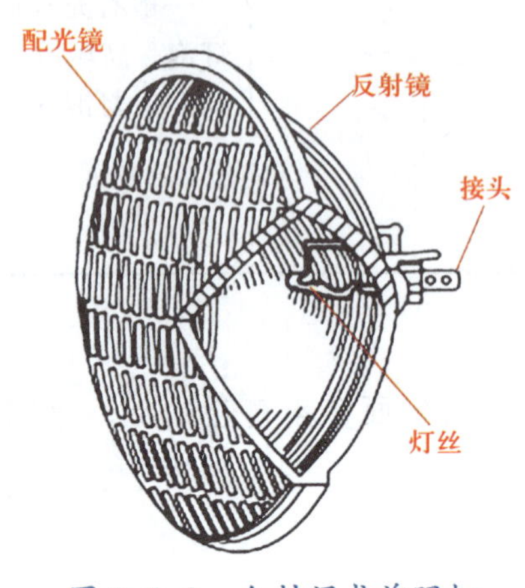

图 3-2-2　全封闭式前照灯

图 3-2-3　氙气前照灯

（2）多反射镜前照灯

图 3-2-4 所示为多反射镜前照灯与普通前照灯的对比。两者的反射镜数量不同，多反光镜前照灯由多个________组成，普通前照灯只有一个________。两者的灯泡和配光屏都一样，由于反射镜数量不同，光照区域（图中的黄色区域）明显不同。

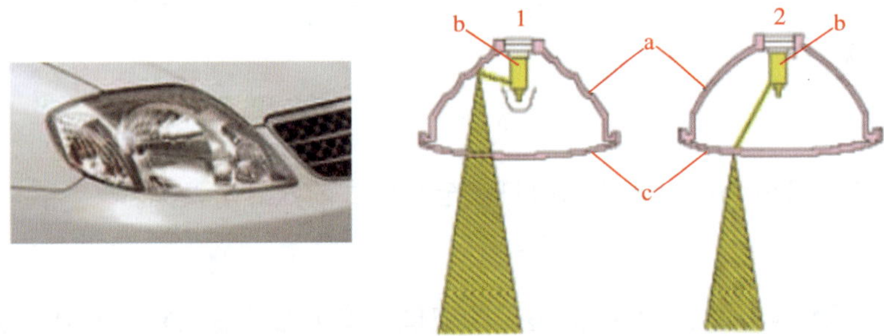

图 3-2-4　多反射镜前照灯与普通前照灯的对比

1—多反射镜前照灯　2—普通前照灯

a—反光镜　b—前照灯灯泡　c—镜头

（3）投射式前照灯

图 3-2-5 所示为投射式前照灯。该前照灯通过将光汇聚到一个小的区域来有效利用光源，尽管它的体积小，但仍能发射强光。

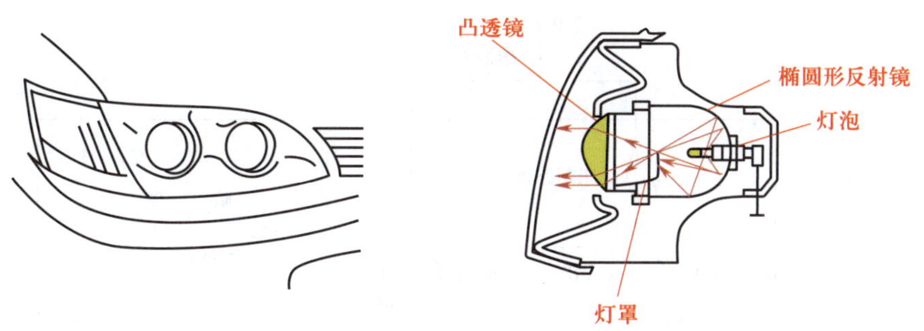

图 3-2-5　投射式前照灯

三、前照灯的工作原理

1．前照灯近光电路的工作原理

如图 3-2-6 所示，将灯光开关置于“前照灯”挡（图中的 head 位置），将变光开关置于“近光”挡（图中的 lo 位置），前照灯近光电路接通，其回路是：蓄电池正极→低压断路器→灯光开关的____→变光开关的____→前照灯左、右____光灯丝→搭铁→蓄电池负极，前照灯近光亮。

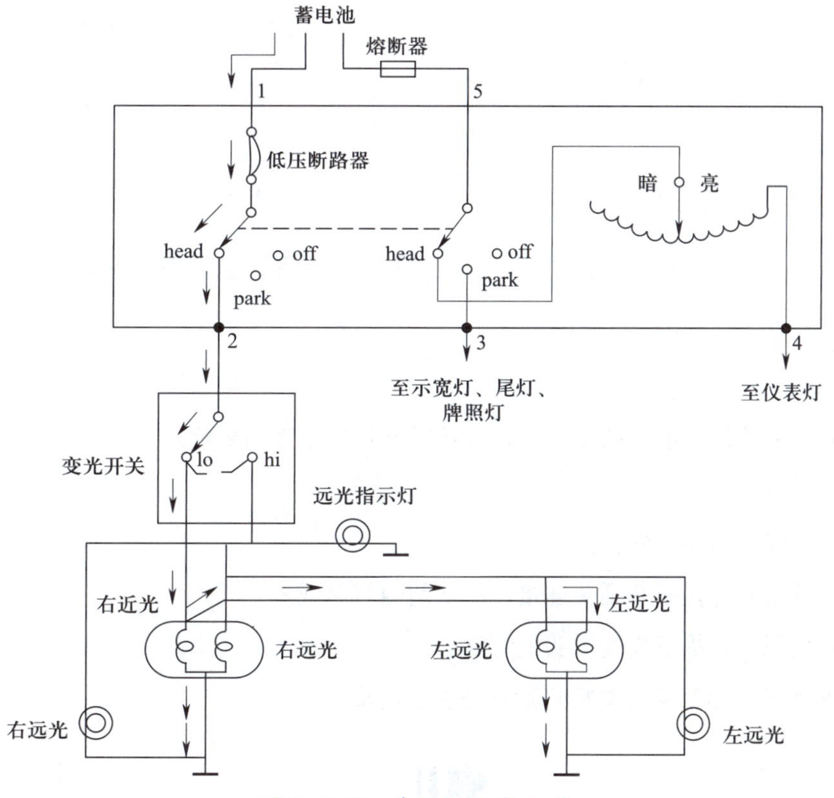

图 3-2-6　前照灯近光电路

2．前照灯远光电路的工作原理

如图 3-2-7 所示，将灯光开关置于“前照灯”挡（图中的 head 位置），将变光开关置于“远光”挡（图中的 hi 位置），前照灯远光电路接通，其回路是：蓄电池正极→低压断路器→灯光开关的____→变光开关的____→前照灯左、右____光灯丝以及仪表____光指示灯→搭铁→蓄电池负极，前照灯远光亮。

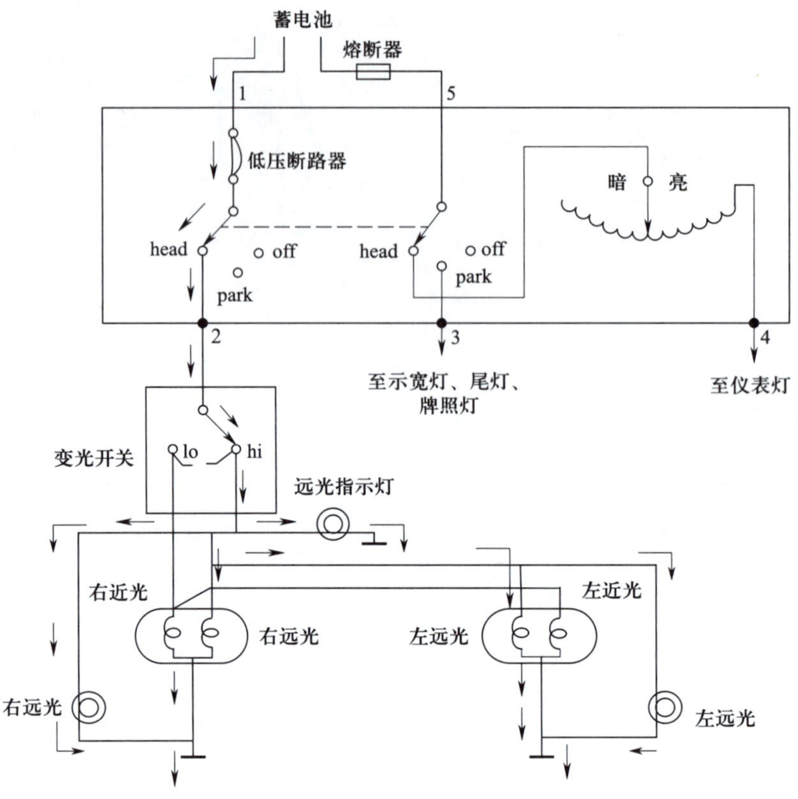

图 3-2-7　前照灯远光电路

四、前照灯的常见故障

前照灯的常见故障有：前照灯不亮、前照灯灯泡频繁被烧坏等，可能的故障原因有：________________

____。

五、前照灯的检查与更换

根据前照灯的常见故障及可能的故障原因，进行前照灯的检查与更换。

1．前照灯灯泡的拆卸

（1）断开点火开关和所有用电器件。

（2）拆卸前照灯固定螺母，断开插头连接，取下前照灯总成。

（3）拆除前照灯后罩盖，拆下连同插头的灯泡。

（4）如图 3-2-8 所示，沿箭头方向将灯泡从插头上脱离。

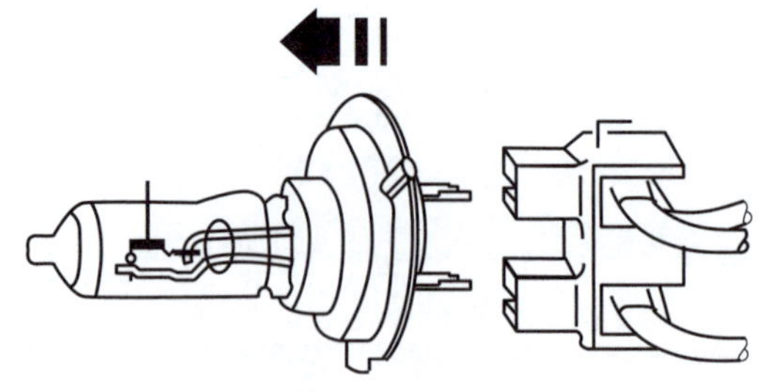

图 3-2-8　将灯泡从插头上脱离

2．前照灯灯泡的检查与更换

（1）如图 3–2–9 所示，用万用表测量灯泡的电阻，判断灯泡是否正常。

注意：不要用手指直接接触灯泡。

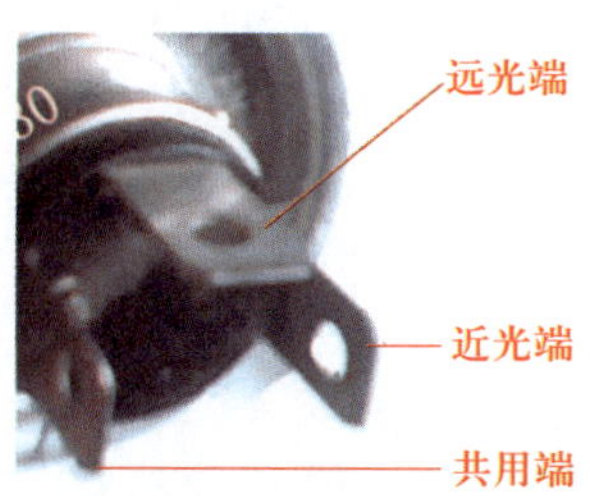

图 3–2–9　测量灯泡的电阻

测得远光端与共用端之间的电阻为______Ω，近光端与共用端之间的电阻为____________Ω，可得出的结论是：____________。

如果测量电阻为________（无穷大 / 有阻值），说明灯泡损坏，需更换。

（2）更换时要选择相同规格的灯泡。

（3）灯泡的安装按照与拆卸相反的顺序进行。

（4）安装完成后操作灯光开关，检查在相应位置上相应的灯是否点亮。

六、学习活动评价

学习活动评价见表 3–2–2。

表 3–2–2　学习活动评价表

班级		姓名		学号		日期	年　月　日
序号	评价要点				配分	得分	总评
1	能正确识读和填写工作页，明确学习活动要求				10		A □（86 ~ 100 分） B □（76 ~ 85 分） C□（60 ~ 75 分） D□（60 分以下）
2	能查阅资料，写出前照灯的作用				10		
3	能查阅资料，写出前照灯的组成				10		
4	能查阅资料，写出前照灯的类型				10		
5	能查阅资料，写出前照灯的工作原理				15		
6	能按规范流程，完成前照灯的检查与更换				15		
7	能遵守劳动纪律，以积极的态度接受工作任务				10		
8	能积极参与小组讨论，发挥团队合作精神				10		
9	能及时完成教师布置的任务				10		
总　分					100		
小结建议							

学习活动 3　前照灯灯光的检测与调整

学习目标

1. 能描述相关法律法规及标准对前照灯的要求。
2. 能正确使用前照灯检测仪对前照灯进行检测。
3. 能将前照灯调整到国家标准规定的技术状态。

建议学时：4 学时。

学习过程

一、国家法律法规及国家标准对前照灯的要求

1．对前照灯光束照射位置的要求

国家标准《道路运输车辆综合性能和检验方法》（GB 18565—2016）中关于汽车前照灯的规定如下。

（1）前照灯的近光光束照射位置为：前照灯在距离屏幕 10 m 处，光束明暗截止线转角或中点的高度应为 $0.6H \sim 0.8H$（H 为前照灯基准中心高度，下同），其水平方向位置向左偏不得超过______mm，向右偏不得超过______mm。

（2）能单独调整远光光束且不影响近光光束的前照灯，要求远光在屏幕上光束中心离地高度为 $0.8H \sim 0.95H$，水平位置要求左灯向左偏不得大于______mm，左灯向右偏不得大于______mm；右灯向左或向右偏均不得大于______mm。

2．对前照灯发光强度的要求

发光强度是表示光源亮度的物理量，单位是坎德拉（cd）。

查阅国家标准《道路运输车辆综合性能和检验方法》（GB 18565—2016），将表 3-3-1 填写完整。

表 3-3-1　　前照灯的发光强度

车辆类型	新注册车		在用车	
	两灯制	四灯制	两灯制	四灯制
发光强度 /cd				

注：对于允许四灯制的机动车，其中两只对称的灯达到两灯制要求即视为合格。

3．前照灯灯光的检测项目

国家标准《道路运输车辆综合性能和检验方法》（GB 18565—2016）规定中前照灯的____________和____________被列为必检项目。

4．前照灯的检测方法

前照灯的检测方法一般有屏幕检测法和仪器检测法两种。

（1）屏幕检测法

图 3-3-1 所示为用屏幕检测法检测前照灯，根据图 3-3-1 所示内容，完成下列填空。

1）将汽车停在水平地面上，并且按规定充足轮胎气压，从车上卸下所有负载（只允许一名驾驶员乘坐）。

2）在距汽车前照灯 L_m 处（不同车型有不同的规定，图中是 10 m）设一屏幕（或利用白墙），在屏幕上画两条垂线（垂线通过各前照灯的中心）和一条水平线 *AA′*（与前照灯的离地高度相等，图中是____mm），再画一条比 *AA′* 线低一些（不同的车型数值不同，图中是____ mm）的水平线 *BB′* 与两条前照灯的垂直中心线分别相交于 *a*、*b* 两点，图中 *a*、*b* 两点距中心点的距离都是______mm（不同车型的数值不同）。

3）分别对两侧前照灯进行检测。先盖住一侧，检查另一侧前照灯的光束是否对准 *a* 点或 *b* 点（光照中心），否则可通过前照灯的调整螺钉进行调整，直至符合要求。

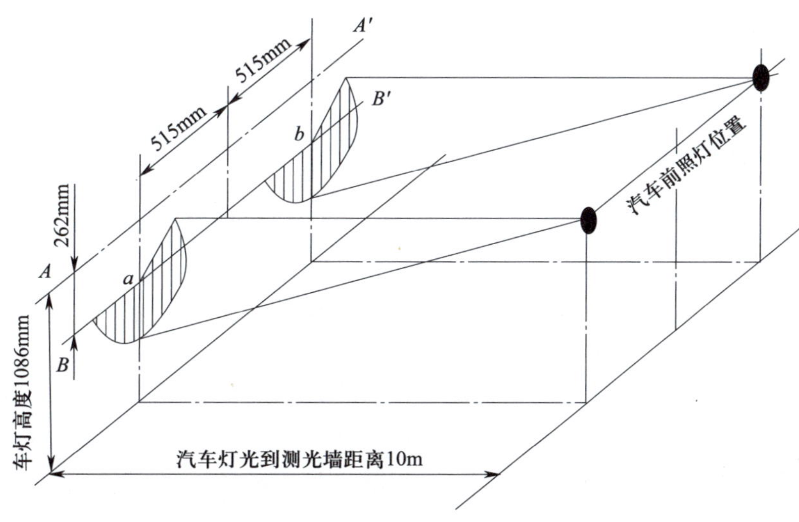

图 3-3-1　用屏幕检测法检测前照灯

屏幕检测法只能检测前照灯光束的__________，不能检测前照灯的__________，一般在无检测仪器源的情况下使用。

（2）仪器检测法

检测仪一般可分为聚光式、屏幕式、投影式、自动追踪光轴式和全自动式等。各类仪器使用方法虽各不相同，但检测原理大同小异，使用时可参照使用说明书完成。

二、前照灯灯光的常见问题

前照灯灯光的常见问题有：前照灯光束的照射位置有问题、前照灯的亮度不足等，可能的原因有：____。

三、前照灯灯光的检测和调整

根据前照灯灯光的常见问题及可能的原因，进行前照灯灯光的检测和调整。

1．检测前的准备

（1）前照灯检测仪的准备

1）前照灯检测仪要保持________，而且不受外来光线的影响。

2）前照灯检测仪的镜面等处不得有污物或模糊不清。

3）前照灯检测仪在不受光的情况下，光度计和光轴偏斜指示计要________________。

（2）车辆的准备

1）清除被检车辆前照灯上的油污。

2）被检车辆轮胎________应符合汽车制造厂的规定。

3）被检车辆蓄电池应处于________状态。

4）被检车辆要处于______载，并只乘坐一名驾驶员。

2．检测步骤

（1）在将汽车尽可能地与导轨保持垂直方向时驶近检测仪，使前照灯与检测仪受光器之间的距离______。

（2）将车辆摆正，通过找准器使检测仪和汽车对正。

（3）打开汽车前照灯，接通检测仪电源，用__________________移动检测仪位置，使前照灯光束照射到受光器上。

（4）按下测量开关，受光器可追踪到前照灯光轴，根据光轴偏斜指示计（标有刻度）和光度计的指示值，即可测得________和发光强度。

3．检测结果分析与处置

前照灯灯光检测不合格可能有以下两种情况：一是前照灯发光强度__________，二是前照灯照射位置______________。

（1）前照灯发光强度偏低时，应先检查__________的电压是否偏低，再检查发光强度偏低的前照灯的反射镜光泽是否________，灯泡是否________，质量是否符合要求，一般多为搭铁线路__________。

（2）前照灯光束照射位置偏斜时，要检查前照灯的安装位置，若前照灯安装位置不当或因强烈振动而错位致使光束照射位置偏斜，应予以________。前照灯光束照射位置偏斜的调整可在前照灯__________上进行。根据检测标准，在调整光束照射位置时，对远、近双光束灯以调整______光束为主。对于制造质量合格的灯泡，在近光光束调整合格后，远光光束一般也能________。若近光光束调整合格后，经复核远光光束照射方向不合格，则应__________。

4．前照灯的调整

可通过转动调整螺钉进行前照灯的调整，具体方法如下：

（1）转动左右调整螺钉，可以调整前照灯光束______方向的位置。

（2）转动上下调整螺钉，可以调整前照灯光束______方向的位置。

四、学习活动评价

学习活动评价见表 3–3–2。

表 3–3–2　　学习活动评价表

班级		姓名		学号		日期	年　月　日
序号	评价要点				配分	得分	总评
1	能正确识读和填写工作页，明确学习活动要求				10		A □（86～100 分） B □（76～85 分） C □（60～75 分） D □（60 分以下）
2	能查阅资料，写出对前照灯发光强度和照射位置的要求				15		
3	能查阅资料，写出前照灯灯光的检测项目				10		
4	能查阅资料，写出前照灯的检测方法				15		
5	能按规范流程，完成前照灯的检测与调整				20		
6	能遵守劳动纪律，以积极的态度接受工作任务				10		
7	能积极参与小组讨论，发挥团队合作精神				10		
8	能及时完成教师布置的任务				10		
总　分					100		
小结建议							

学习活动 4　前照灯控制电路简单故障检修

学习目标

1. 能描述前照灯控制电路的组成和作用。
2. 能进行前照灯控制电路的识读。
3. 能分析并确定前照灯控制电路的简单故障和原因。
4. 能进行前照灯控制电路简单故障检修。

建议学时：4 学时。

学习过程

一、前照灯控制电路的组成和作用

1．前照灯控制电路的组成

如图 3-4-1 所示，前照灯控制电路主要由蓄电池（发电机）、点火开关、________开关（E1）、______开关（E4）和前照灯（L1 和 L2）以及远光指示灯______和________（S9/S10/S21/S22）等部件组成。

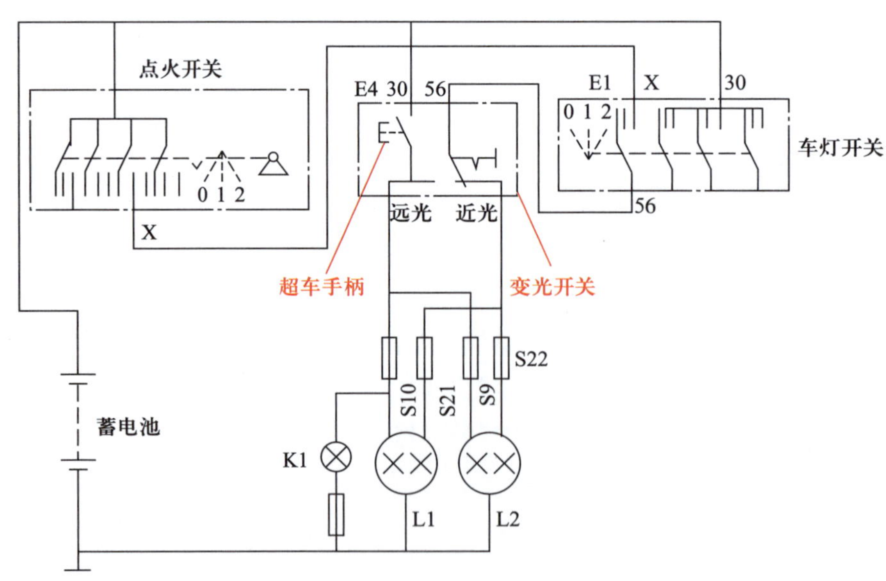

图 3-4-1　前照灯控制电路

2．前照灯控制电路的作用

（1）____________开关用来控制前照灯的点亮与熄灭。

（2）____________开关用来控制前照灯远近光的切换。

（3）熔丝的作用是____。

（4）前照灯的主要用途是________，也可通过远光和近光之间的变换作为______信号。

二、前照灯控制电路的识读

1．近光灯控制电路

如图 3–4–1 所示，当点火开关置于位置 2、灯光开关 E1 置于位置 2 时，变光开关 E4 接通近光，近光灯点亮。电流流向为：蓄电池（发电机）→点火开关 X →灯光开关 E1（________）→变光开关 E4（________）→ S21/S22 → L1/L2______光灯丝→搭铁。

2．远光灯控制电路

如图 3–4–1 所示，当点火开关置于位置 2、灯光开关 E1 置于位置 2 时，变光开关 E4 接通远光，远光灯点亮，同时仪表板上的远光指示灯 K1 点亮。电流流向为：蓄电池（发电机）→点火开关→灯光开关 E1（______________）→变光开关 E4（______________）→ S9/S10 → L1/L2/K1____光灯丝→搭铁。

3．超车变光控制电路

如图 3–4–1 所示，直接打到变光开关 E4 超车手柄时，远光灯点亮，同时仪表板上的远光指示灯 K1 点亮。电流流向为：蓄电池（发电机）→变光开关 E4（______）→ S9/S10 → L1/L2/K1____光灯丝→搭铁。

三、前照灯控制电路的常见故障

1．分析故障原因

查阅资料，在表 3–4–1 中写出前照灯控制电路常见故障可能的故障原因。

表 3–4–1　　前照灯控制电路故障原因分析

故障现象	可能的故障原因
前照灯不亮	
前照灯亮度降低	
前照灯远光或近光不亮	

2．制定检修方案

根据任务要求，制定检修方案。

（1）根据具体工作内容，明确小组成员分工，填写在表 3–4–2 中。

表 3–4–2 小组成员分工

姓名	分工

（2）根据要求列出所需主要工具及材料清单，填写在表 3–4–3 中。

表 3–4–3 所需主要工具及材料清单

序号	工具及材料名称	单位	数量	备注

（3）根据小组分工情况及客户要求，制定具体的检修工序，填写在表 3–4–4 中。

表 3–4–4 检修工序安排

序号	工序内容	备注

四、前照灯控制电路简单故障检修

根据图 3–4–1 所示前照灯控制电路，按照图 3–4–2 所示前照灯控制电路检测流程，完成前照灯控制电路的检查，判断故障部位，必要时按技术标准完成对前照灯系统主要部件的更换。

1．前照灯不亮故障检修

（1）检查蓄电池电压

1）将万用表置于______电压挡。

2）将万用表红表笔与蓄电池________极端子连接，将万用表黑表笔与蓄电池________极端子连接。

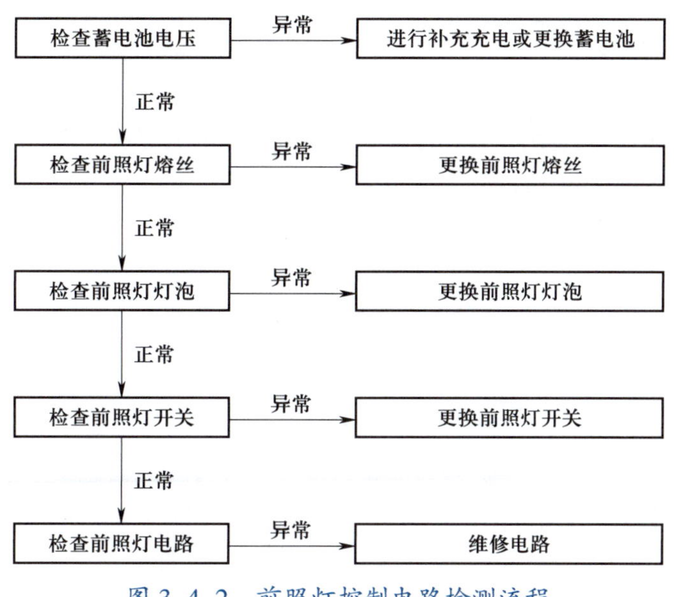

图 3-4-2　前照灯控制电路检测流程

3）检查结果是____________，结论为____________。

（2）检查前照灯熔丝

1）根据电路图查找并确认前照灯的熔丝位置。

2）用万用表______挡检查熔丝。

3）检查结果是__________，结论为______________。

（3）检查前照灯灯泡

将万用表置于______挡，将万用表的红、黑表笔分别与前照灯灯泡远光端、近光端连接，检查其导通情况。

1）近光灯的检查结果是____________，结论为__________。

2）远光灯的检查结果是____________，结论为__________。

3）对前照灯灯泡的检查结论为______________________________。

（4）检查前照灯开关

用万用表______挡检测前照灯开关导通情况。

1）前照灯近光开关的检查结果是________________，结论为____________。

2）前照灯远光开关的检查结果是________________，结论为____________。

（5）检查前照灯电路

用万用表逐段检查前照灯远光电路和近光电路，找出短路或断路的部位，排除故障。

2．前照灯亮度降低故障检修

（1）检查蓄电池电压

1）将万用表置于______电压挡。

2）将万用表红表笔与蓄电池____极端子连接，将万用表黑表笔与蓄电池____极端子连接。

3）检查结果是____________，结论为____________。

（2）检查前照灯电路

用万用表逐段检查前照灯远光电路和近光电路，找出接触不良的部位，排除故障。

3．前照灯远光或近光不亮故障检修

（1）检查前照灯远光或近光熔丝

1）根据电路图查找并确认前照灯远光或近光熔丝的位置。

2）用万用表______挡检查熔丝。

3）测量结果为___________，结论为______________。

（2）检查前照灯灯泡

将万用表置于______挡，将万用表的红、黑表笔分别与前照灯灯泡远光端、近光端连接，检查其导通情况。

1）近光灯的检查结果是____________，结论为__________。

2）远光灯的检查结果是____________，结论为__________。

3）对前照灯灯泡的检查结论为____________________。

（3）检查前照灯变光开关

用万用表______挡检测前照灯变光开关的导通情况。

1）前照灯近光开关的检查结果是________________，结论为____________。

2）前照灯远光开关的检查结果是________________，结论为____________。

（4）检查前照灯电路

用万用表逐段检查前照灯远光电路或近光电路，找出短路或断路的部位，排除故障。

五、学习活动评价

学习活动评价见表 3–4–5。

表 3–4–5　　学习活动评价表

班级		姓名		学号		日期	年　月　日
序号	评价要点				配分	得分	总评
1	能正确识读和填写工作页，明确学习活动要求				10		A □（86 ~ 100 分） B □（76 ~ 85 分） C □（60 ~ 75 分） D □（60 分以下）
2	能查阅资料，写出前照灯控制电路的组成				10		
3	能查阅资料，写出前照灯控制电路的作用				10		
4	能查阅资料，进行前照灯控制电路的识读				15		
5	能查阅资料，写出前照灯控制电路常见故障的原因				10		
6	能按规范流程，完成前照灯控制电路简单故障检修				15		

续表

序号	评价要点	配分	得分	总评
7	能遵守劳动纪律，以积极的态度接受工作任务	10		A □（86 ~ 100 分） B □（76 ~ 85 分） C □（60 ~ 75 分） D □（60 分以下）
8	能积极参与小组讨论，发挥团队合作精神	10		
9	能及时完成教师布置的任务	10		
总　分		100		
小结建议				

学习活动5 工作总结与评价

学习目标

1. 能以小组形式，对学习过程和成果进行总结。
2. 能完成对学习过程的综合评价。

建议学时：2学时。

学习过程

一、工作总结

在世界技能大赛中，选手应具有一定的组织规划、沟通、创新等能力，这在实际的生产工作中是十分必要的。以小组为单位，选择演示文稿、展板、海报、视频等形式中的一种或几种，向全班展示、汇报学习成果。

二、综合评价

针对本任务的学习情况，根据表3-5-1所列综合评价标准进行评分。

表3-5-1　综合评价标准

评价项目	评价内容及标准	配分	评分		
			自我评价	小组评价	教师评价
工作组织和管理	团队合作，合理计划，高效管理时间	3			
	定期检查工作进展和效果	3			
	保证高质量完成工作	4			
沟通能力	及时处理工作中遇到的问题	10			
	提供明确说明，准确回答客户的疑问	10			
计划创新能力	及时处理工作中遇到的问题	10			
	提出创新性、可行性建议，提高客户满意度	10			

续表

评价项目	评价内容及标准	配分	评分		
			自我评价	小组评价	教师评价
专业知识	具备汽车照明系统各部件的组成、功能、原理等知识	10			
	具备汽车照明系统故障检修知识	10			
实践能力	具备汽车照明系统检修技能	5			
	具备汽车前照灯拆装与检修技能	5			
	具备汽车照明系统电路识读技能	10			
	具备汽车照明系统简单故障检修技能	10			
学生姓名		综合评价得分			
指导教师		日期			

二、学习任务三整体评价

学习任务三整体评价见表 3–5–2。

表 3–5–2　学习任务三整体评价表

项目	自我评价			小组评价			教师评价		
	10～9 分	8～6 分	5～1 分	10～9 分	8～6 分	5～1 分	10～9 分	8～6 分	5～1 分
	占总评 10%			占总评 30%			占总评 60%		
学习活动 1									
学习活动 2									
学习活动 3									
学习活动 4									
学习活动 5									
协作精神									
纪律观念									
表达与分析能力									
工作态度									
任务总体表现									
小计分									
总评分									

世赛知识

国际交流活动

我国各项目集训队非常注重国际交流。人力资源社会保障部曾多次邀请世界技能组织成员国和地区的专家到中国来为我国的参赛选手及其技术指导专家团队进行参赛知识的普及和问题解答，这些活动丰富了我国参赛专家、教练和选手的世赛知识，增长了选手的实战经验，既锻炼了能力，又找到了差距和不足。

2019 年 4 月 11 日至 14 日，2019 澳大利亚全球技能挑战赛在澳大利亚墨尔本市举办。本届挑战赛共设 24 个比赛项目，共有 16 个国家和地区参赛。在本次国际交流比赛中，中国代表团派出 24 名选手参加了 23 个比赛项目，取得 7 金 5 银 3 铜的优异成绩，位列金牌榜和奖牌榜首位。其中，美容项目选手李真芹获得中国代表团国家最佳奖。平面设计技术、时装技术、美容、美发、家具制作、精细木工、机电一体化共 7 个项目获得金牌；木工、制冷与空调、烘焙、珠宝加工、汽车喷漆共 5 个项目获得银牌；3D 数字游戏艺术、油漆与装饰、网络系统管理共 3 个项目获得铜牌。

学习任务四　汽车转向灯不亮故障检修

学习目标

1. 能描述信号系统的作用、组成和安装位置。

2. 能进行信号系统的检查。

3. 能描述转向灯的作用和组成。

4. 能进行转向灯的检查与更换。

5. 能描述转向灯控制电路的作用和组成。

6. 能进行转向灯控制电路的识读。

7. 能分析并确定转向灯控制电路的简单故障和原因。

8. 能进行转向灯控制电路简单故障检修。

9. 能描述危险警告信号控制电路的作用和组成。

10. 能进行危险警告信号控制电路的识读。

11. 能分析并确定危险警告信号控制电路的简单故障和原因。

12. 能进行危险警告信号控制电路简单故障检修。

13. 能对维修场地设备进行日常维护保养，按“6S”管理规定要求清理现场。

14. 能对相关资料、互联网资源进行检索，完成检修工单和工作页的填写。

15. 能展示工作成果，进行任务评价，总结工作经验，优化检修方案。

16. 能在作业过程中严格执行企业操作规范、安全生产制度、环保管理制度，严格遵守从业人员的职业道德，具有吃苦耐劳、爱岗敬业的工作态度和职业责任感。

16 学时。

工作情境描述

某客户在操作汽车转向灯开关时，发现左后转向灯不亮，于是将车辆开往维修站维修。经班组长检查，初步判断为左后转向灯故障。汽车修理工需要对转向灯系统进行检查，根据维修手册相关要求，在规定时间内，参照维修资料完成转向灯系统的检查与零部件的更换工作，自检合格后交付班组长验收。

工作流程与活动

1. 信号系统的认知（2 学时）
2. 转向灯的检查与更换（2 学时）
3. 转向灯控制电路简单故障检修（6 学时）
4. 危险警告信号控制电路简单故障检修（4 学时）
5. 工作总结与评价（2 学时）

思维导图

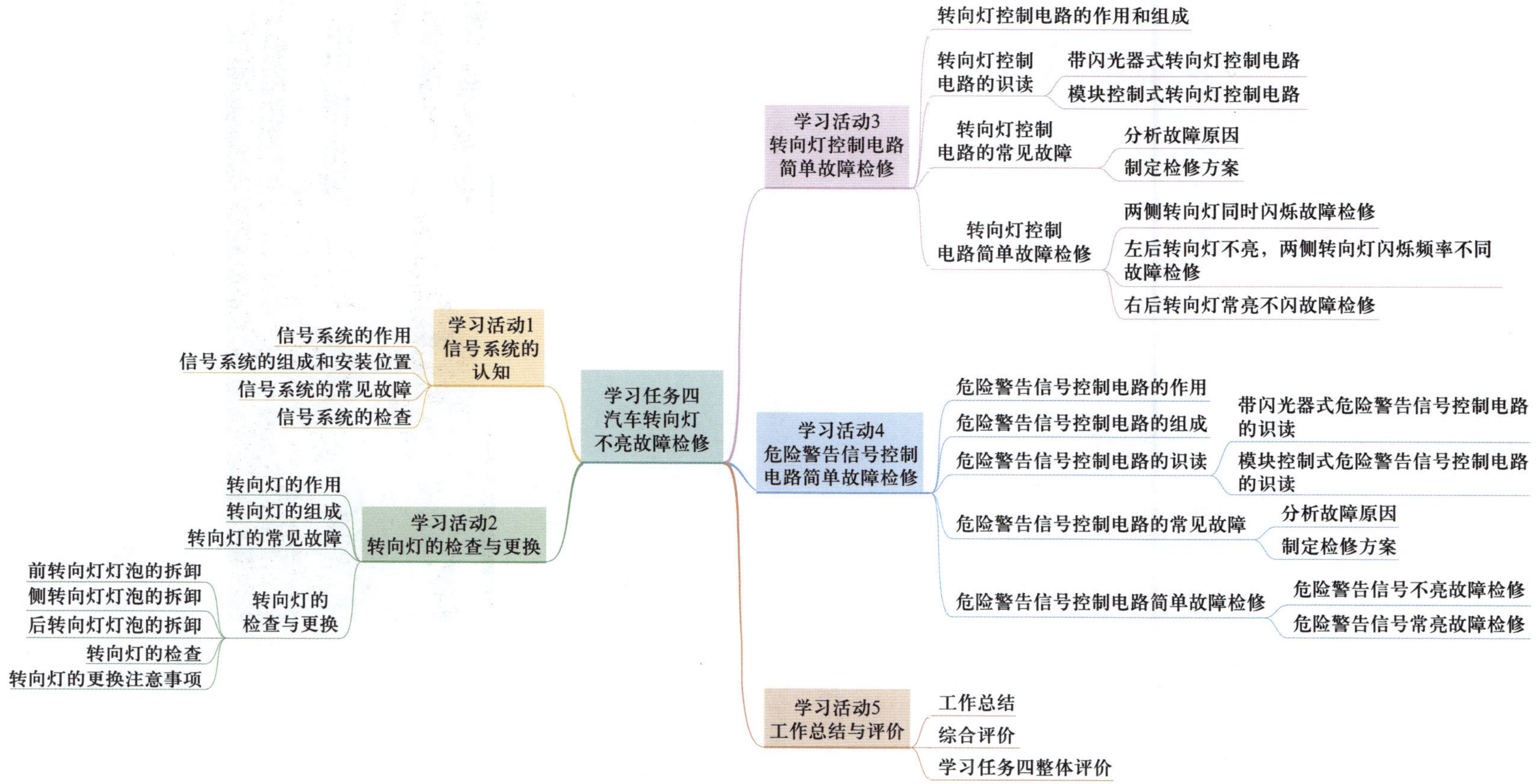

- 学习任务四 汽车转向灯不亮故障检修
  - 学习活动1 信号系统的认知
    - 信号系统的作用
    - 信号系统的组成和安装位置
    - 信号系统的常见故障
    - 信号系统的检查
  - 学习活动2 转向灯的检查与更换
    - 转向灯的作用
    - 转向灯的组成
    - 转向灯的常见故障
    - 转向灯的检查与更换
      - 前转向灯灯泡的拆卸
      - 侧转向灯灯泡的拆卸
      - 后转向灯灯泡的拆卸
      - 转向灯的检查
      - 转向灯的更换注意事项
  - 学习活动3 转向灯控制电路简单故障检修
    - 转向灯控制电路的作用和组成
    - 转向灯控制电路的识读
      - 带闪光器式转向灯控制电路
      - 模块控制式转向灯控制电路
    - 转向灯控制电路的常见故障
      - 分析故障原因
      - 制定检修方案
    - 转向灯控制电路简单故障检修
      - 两侧转向灯同时闪烁故障检修
      - 左后转向灯不亮，两侧转向灯闪烁频率不同故障检修
      - 右后转向灯常亮不闪故障检修
  - 学习活动4 危险警告信号控制电路简单故障检修
    - 危险警告信号控制电路的作用
    - 危险警告信号控制电路的组成
    - 危险警告信号控制电路的识读
      - 带闪光器式危险警告信号控制电路的识读
      - 模块控制式危险警告信号控制电路的识读
    - 危险警告信号控制电路的常见故障
      - 分析故障原因
      - 制定检修方案
    - 危险警告信号控制电路简单故障检修
      - 危险警告信号不亮故障检修
      - 危险警告信号常亮故障检修
  - 学习活动5 工作总结与评价
    - 工作总结
    - 综合评价
    - 学习任务四整体评价

学习活动 1　信号系统的认知

学习目标

1. 能描述信号系统的作用、组成和安装位置。
2. 能进行信号系统的检查。

建议学时：2 学时。

学习过程

一、信号系统的作用

为保证行车安全，驾驶员必须能够及时获取行车时其他车辆的各种工作信息，因此驾驶员要通过车辆的___________向外界提供一定的操作信息。

二、信号系统的组成和安装位置

1．汽车信号系统一般由__________、______________、______________、_____________、__________等组成，查阅资料，对信号系统的组成部件进行认知，并填写图 4–1–1 和图 4–1–2 所示组成部件的名称。

图 4–1–1　车辆前部的信号灯

2．查阅资料，对信号系统各部件的名称、作用及安装位置进行认知，并在表 4–1–1 中填写相关内容。

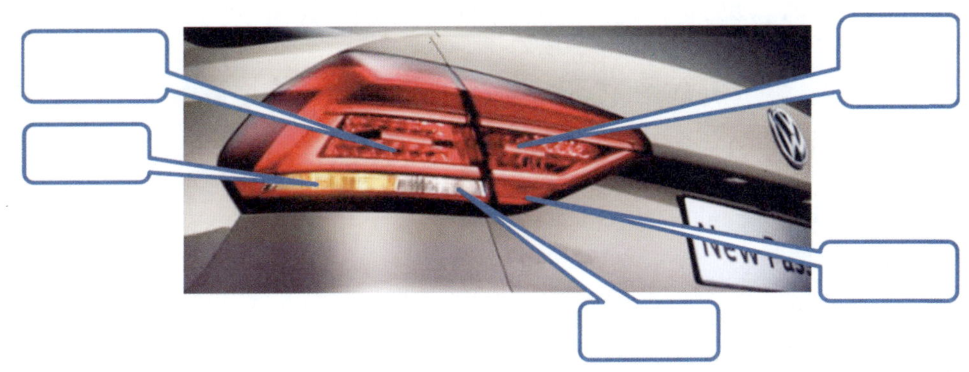

图 4-1-2　车辆后部的信号灯

表 4-1-1　汽车信号系统组成部件的认知

序号	图示	名称	作用	安装位置	操作开关
1					
2					
3					
4					
5					

三、信号系统的常见故障

信号系统的常见故障有：驻车灯不正常点亮、转向灯不正常点亮、危险警告信号不正常点亮、制动灯不正常点亮、倒车灯不正常点亮和喇叭不响等，可能的故障原因有：____。

四、信号系统的检查

根据信号系统的常见故障及可能的原因，进行信号系统的检查。

在待修车辆上找到信号系统的各个零部件并进行检查，将检查情况记录在表 4–1–2 中。

表 4–1–2　　汽车信号系统的检查

检查项目	作业内容	检查情况
检查驻车灯	按照图示，打到灯光开关挡，检查驻车灯的工作情况    日间行车灯（前驻车灯） 后驻车灯	□正常 □不正常
检查转向灯	按照图示，将转向开关置于左转或者右转位置，检查各转向灯的工作情况 	□正常 □不正常

续表

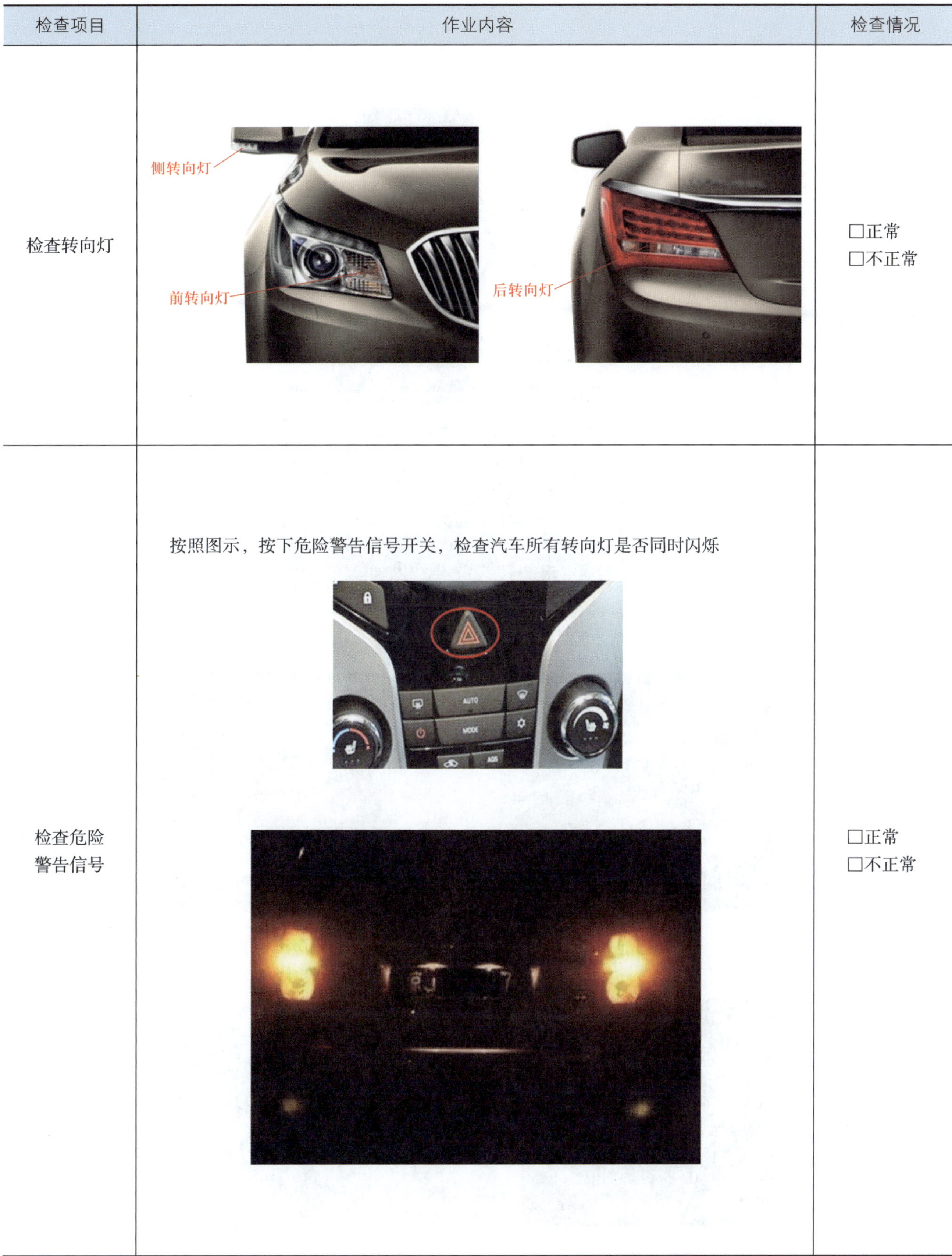

检查项目	作业内容	检查情况
检查转向灯		□正常 □不正常
检查危险警告信号	按照图示，按下危险警告信号开关，检查汽车所有转向灯是否同时闪烁	□正常 □不正常

续表

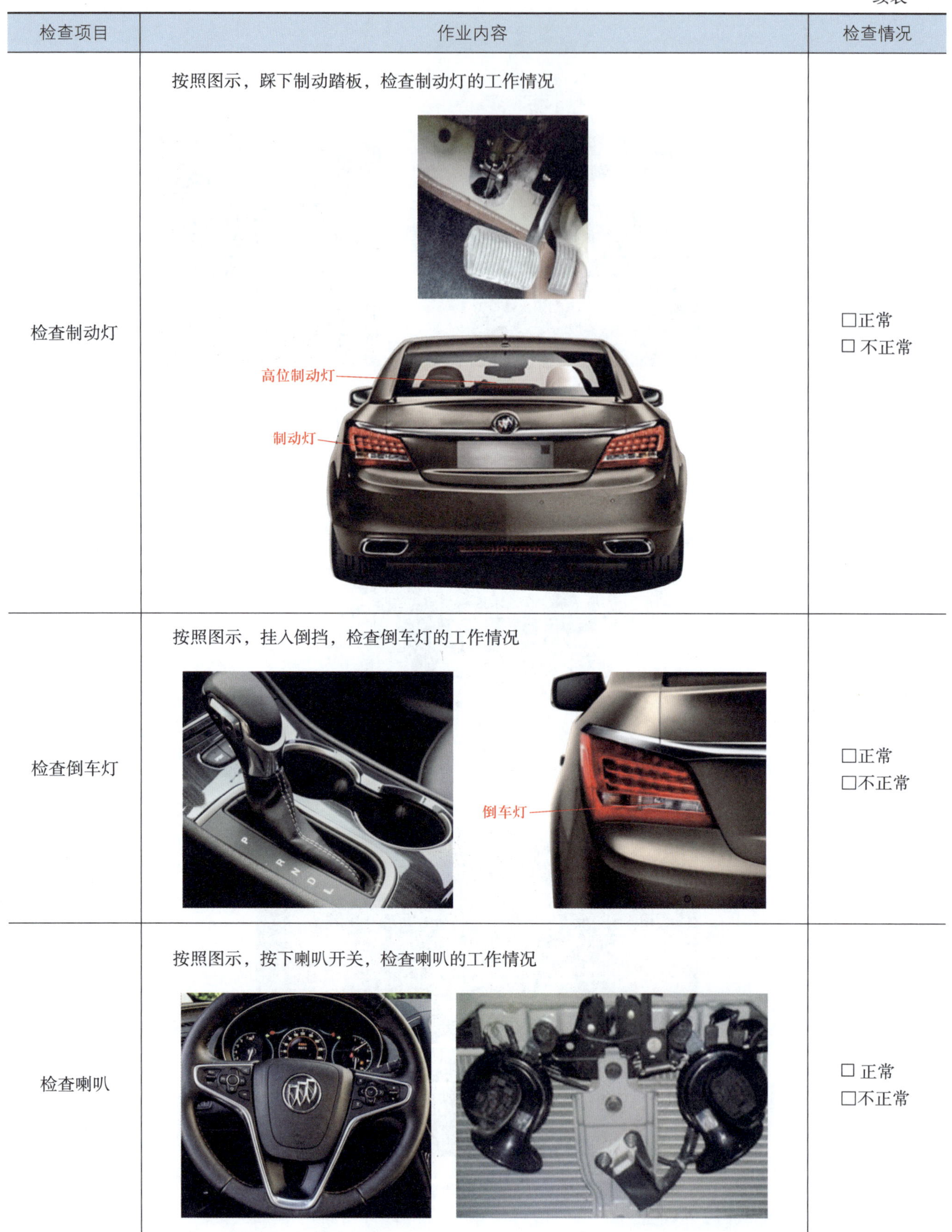

检查项目	作业内容	检查情况
检查制动灯	按照图示，踩下制动踏板，检查制动灯的工作情况 高位制动灯 制动灯	□正常 □ 不正常
检查倒车灯	按照图示，挂入倒挡，检查倒车灯的工作情况 倒车灯	□正常 □不正常
检查喇叭	按照图示，按下喇叭开关，检查喇叭的工作情况	□ 正常 □不正常

五、学习活动评价

学习活动评价见表 4–1–3。

表 4–1–3　学习活动评价表

<table>
<tr><td>班级</td><td></td><td>姓名</td><td></td><td>学号</td><td></td><td>日期</td><td>年　月　日</td></tr>
<tr><td>序号</td><td colspan="4">评价要点</td><td>配分</td><td>得分</td><td>总评</td></tr>
<tr><td>1</td><td colspan="4">能正确识读和填写工作页，明确学习活动要求</td><td>10</td><td></td><td rowspan="8">A □（86 ~ 100 分）
B □（76 ~ 85 分）
C □（60 ~ 75 分）
D □（60 分以下）</td></tr>
<tr><td>2</td><td colspan="4">能查阅资料，写出信号系统的作用</td><td>20</td><td></td></tr>
<tr><td>3</td><td colspan="4">能查阅资料，写出信号系统的组成和安装位置</td><td>20</td><td></td></tr>
<tr><td>4</td><td colspan="4">能按规范流程，检查信号系统的工作情况</td><td>20</td><td></td></tr>
<tr><td>5</td><td colspan="4">能遵守劳动纪律，以积极的态度接受工作任务</td><td>10</td><td></td></tr>
<tr><td>6</td><td colspan="4">能积极参与小组讨论，发挥团队合作精神</td><td>10</td><td></td></tr>
<tr><td>7</td><td colspan="4">能及时完成教师布置的任务</td><td>10</td><td></td></tr>
<tr><td colspan="5">总　分</td><td>100</td><td></td></tr>
<tr><td>小结
建议</td><td colspan="7"></td></tr>
</table>

学习活动 2　转向灯的检查与更换

学习目标

1. 能描述转向灯的作用和组成。
2. 能进行转向灯的检查与更换。

建议学时：2 学时。

学习过程

一、转向灯的作用

转向灯是指示__________________的主要信号装置，它安装于车辆两侧，灯光的颜色一般为_____________，灯泡的功率一般是______。当车辆转弯时，转向灯会发出_____________，提醒前后车辆及行人注意车辆的行驶方向。汽车转向后，驾驶员回转转向盘，控制装置可自动使转向开关回位，转向灯熄灭。转向信号装置应具有一定的闪烁频率，相关国家标准规定闪烁频率一般为_______________。

二、转向灯的组成

转向灯一般由____组成。

转向灯可分为_______________和___________两种类型。

三、转向灯的常见故障

转向灯的常见故障有：两侧转向灯同时闪烁；一侧转向灯不亮，两侧转向灯闪烁频率不同；一侧转向灯常亮不闪等。可能的故障原因有：____。

四、转向灯的检查与更换

根据转向灯的常见故障及可能的故障原因，进行转向灯的检查与更换。

1．前转向灯灯泡的拆卸

参照图 4–2–1 和图 4–2–2，将前转向灯灯泡的拆卸步骤补充完整。

（1）断开点火开关和所有用电器件。

（2）打开发动机舱盖，找到组合前照灯中的前转向灯。

（3）沿着图 4–2–1 所示箭头方向转动________________的底座，并小心地将转向灯灯泡和底座从前照灯壳体中取出。

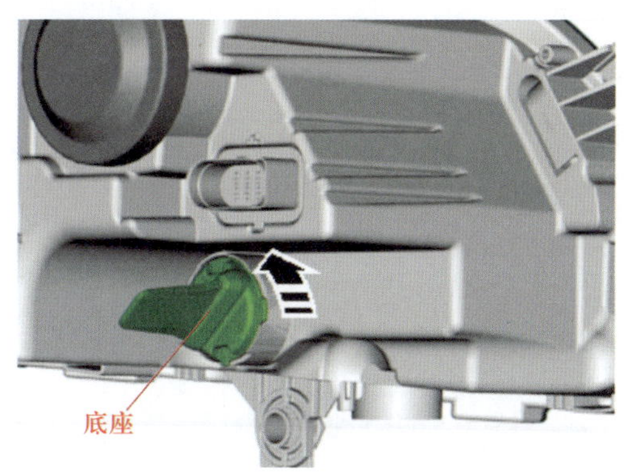

图 4–2–1　取下灯座

（4）将前转向灯灯泡 2 稍微压入到灯座 1 中，并沿图 4–2–2 所示箭头方向转动前转向灯灯泡，将前转向灯灯泡从灯座中拉出。

2．侧转向灯灯泡的拆卸

按照图 4–2–3 至图 4–2–5 所示操作内容，将侧转向灯灯泡的拆卸步骤补充完整。

（1）如图 4–2–3 所示，用一字旋具从转向灯边缘撬出________________。

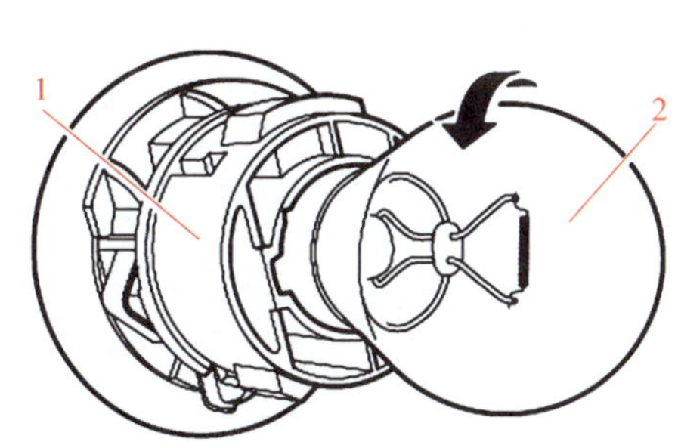

图 4–2–2　取下前转向灯灯泡

1—灯座　2—前转向灯灯泡

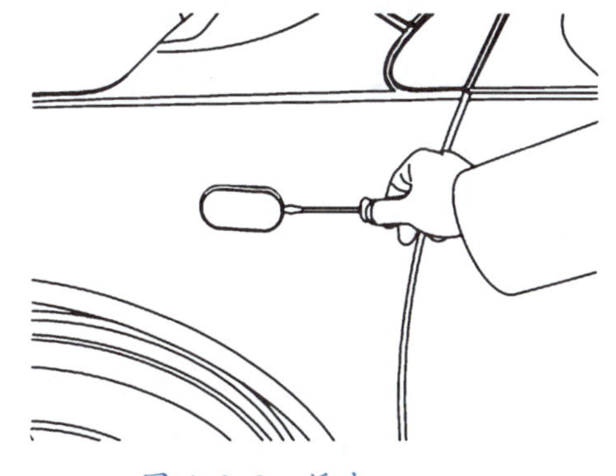

图 4–2–3　撬出__________

（2）如图 4–2–4 所示，断开侧转向灯插接器。

（3）按照图 4–2–5 所示，旋出侧转向灯灯泡。

3．后转向灯灯泡的拆卸

参照图 4–2–6 和图 4–2–7，将后转向灯灯泡的拆卸步骤补充完整。

（1）断开点火开关和所有用电器件。

（2）拆卸汽车车身上的尾灯。

（3）沿着图 4–2–6 所示箭头方向松开卡子，取出__________带灯泡的底座。

（4）取出图 4–2–7 中的后转向灯灯泡。

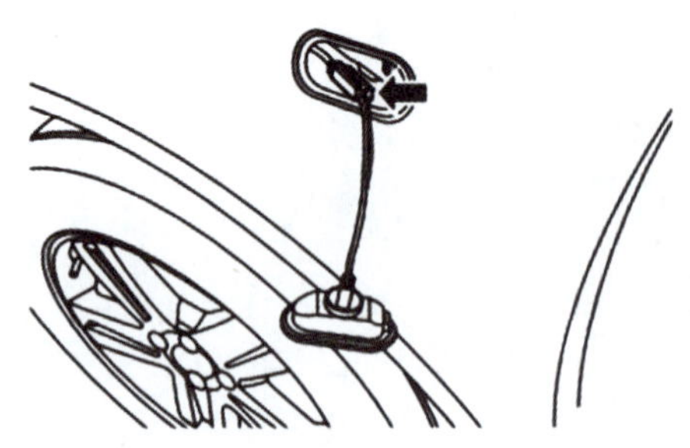

图 4-2-4　断开侧转向灯插接器

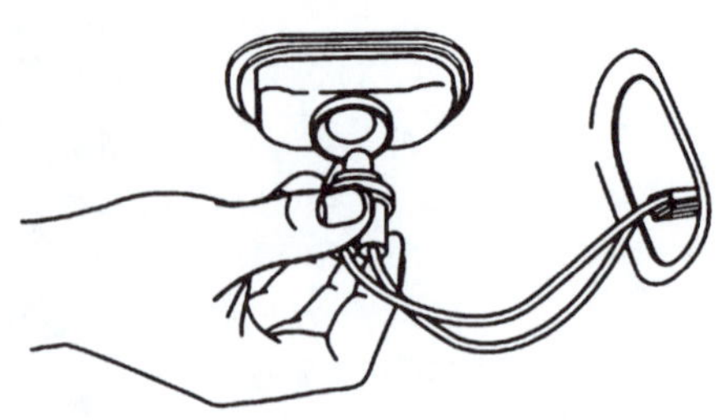

图 4-2-5　旋出侧转向灯灯泡

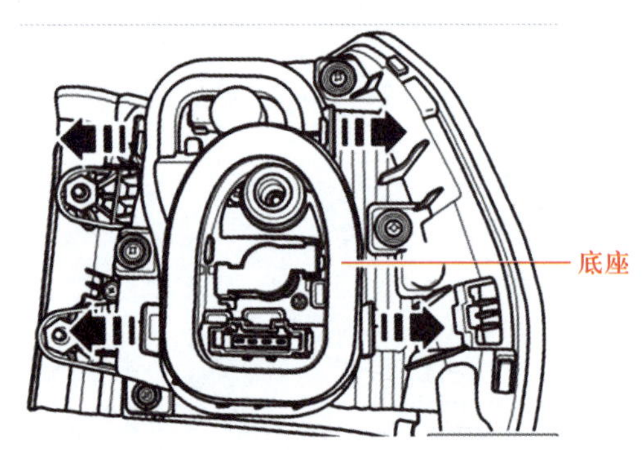

图 4-2-6　取出底座

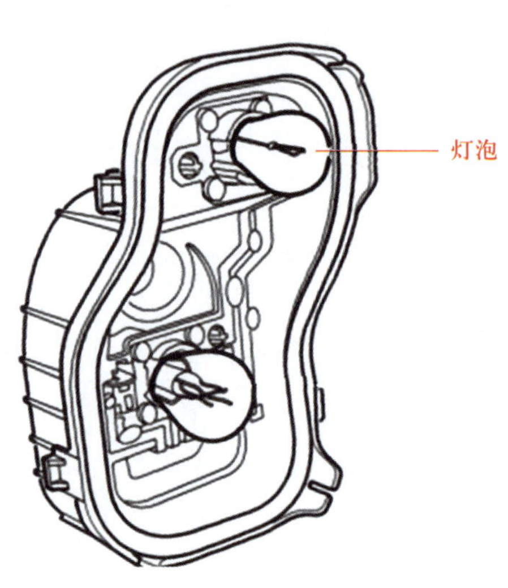

图 4-2-7　取出后转向灯灯泡

4．转向灯的检查

（1）转向灯的清洁

清洗转向灯的________表面，并用抹布擦干净。

（2）转向灯外部壳体的检查

1）检查转向灯透镜是否破裂，如果破裂，应予以更换。

2）检查转向灯安装是否牢固，如果松动，应予以紧固。

（3）转向灯灯泡的检查

检查转向灯的________是否正常工作，如不正常，应予以更换。

5．转向灯的更换注意事项

（1）要更换的转向灯应根据______________________进行选择。

（2）更换转向灯时，检修人员应避免用手直接接触________，以免在灯泡上留下油脂。若灯泡上粘有油脂，在灯泡接通时油脂受热蒸发，会导致灯泡________。

五、学习活动评价

学习活动评价见表 4–2–1。

表 4–2–1　　学习活动评价表

<table>
<tr><td>班级</td><td></td><td>姓名</td><td></td><td>学号</td><td></td><td>日期</td><td>年　月　日</td></tr>
<tr><td>序号</td><td colspan="5">评价要点</td><td>配分</td><td>得分</td><td>总评</td></tr>
<tr><td>1</td><td colspan="5">能正确识读和填写工作页，明确学习活动要求</td><td>10</td><td></td><td rowspan="9">A □（86 ~ 100 分）
B □（76 ~ 85 分）
C □（60 ~ 75 分）
D □（60 分以下）</td></tr>
<tr><td>2</td><td colspan="5">能查阅资料，写出转向灯的作用</td><td>10</td><td></td></tr>
<tr><td>3</td><td colspan="5">能查阅资料，写出转向灯的组成</td><td>15</td><td></td></tr>
<tr><td>4</td><td colspan="5">能按规范流程，完成转向灯的拆卸</td><td>15</td><td></td></tr>
<tr><td>5</td><td colspan="5">能按规范流程，完成转向灯的检查与更换</td><td>20</td><td></td></tr>
<tr><td>6</td><td colspan="5">能遵守劳动纪律，以积极的态度接受工作任务</td><td>10</td><td></td></tr>
<tr><td>7</td><td colspan="5">能积极参与小组讨论，发挥团队合作精神</td><td>10</td><td></td></tr>
<tr><td>8</td><td colspan="5">能及时完成教师布置的任务</td><td>10</td><td></td></tr>
<tr><td colspan="6">总　分</td><td>100</td><td></td></tr>
<tr><td>小结
建议</td><td colspan="8"></td></tr>
</table>

学习活动 3　转向灯控制电路简单故障检修

学习目标

1. 能描述转向灯控制电路的作用和组成。
2. 能进行转向灯控制电路的识读。
3. 能分析并确定转向灯控制电路的简单故障和原因。
4. 能进行转向灯控制电路简单故障检修。

建议学时：6 学时。

学习过程

一、转向灯控制电路的作用和组成

1．转向灯控制电路的作用是____________________________________。根据汽车车型不同，转向灯控制电路也不同，常用的转向灯控制电路有带闪光器式转向灯控制电路和模块控制式转向灯控制电路。

2．带闪光器式转向灯控制电路由____________、__________、点火开关、转向灯和转向指示灯等组成。闪光器用于控制转向信号灯的____________。闪光器的类型主要有电热式、电容式和电子式。__________式闪光器具有性能稳定、可靠性高、使用寿命长的特点。闪光器的闪烁频率一般为______________。

3．模块控制式转向灯控制电路由点火开关、车身控制模块 K9、____________、______________等组成。这种电路主要通过______________来控制转向灯闪烁。

二、转向灯控制电路的识读

1．带闪光器式转向灯控制电路

图 4-3-1 所示为带闪光器式转向灯控制电路。

根据图 4-3-1，查阅相关资料，可以分析得出以下结论：

（1）转向灯要接通电源时_______（需要 / 不需要）打开点火开关。

（2）转向熔断器的作用是_________________。

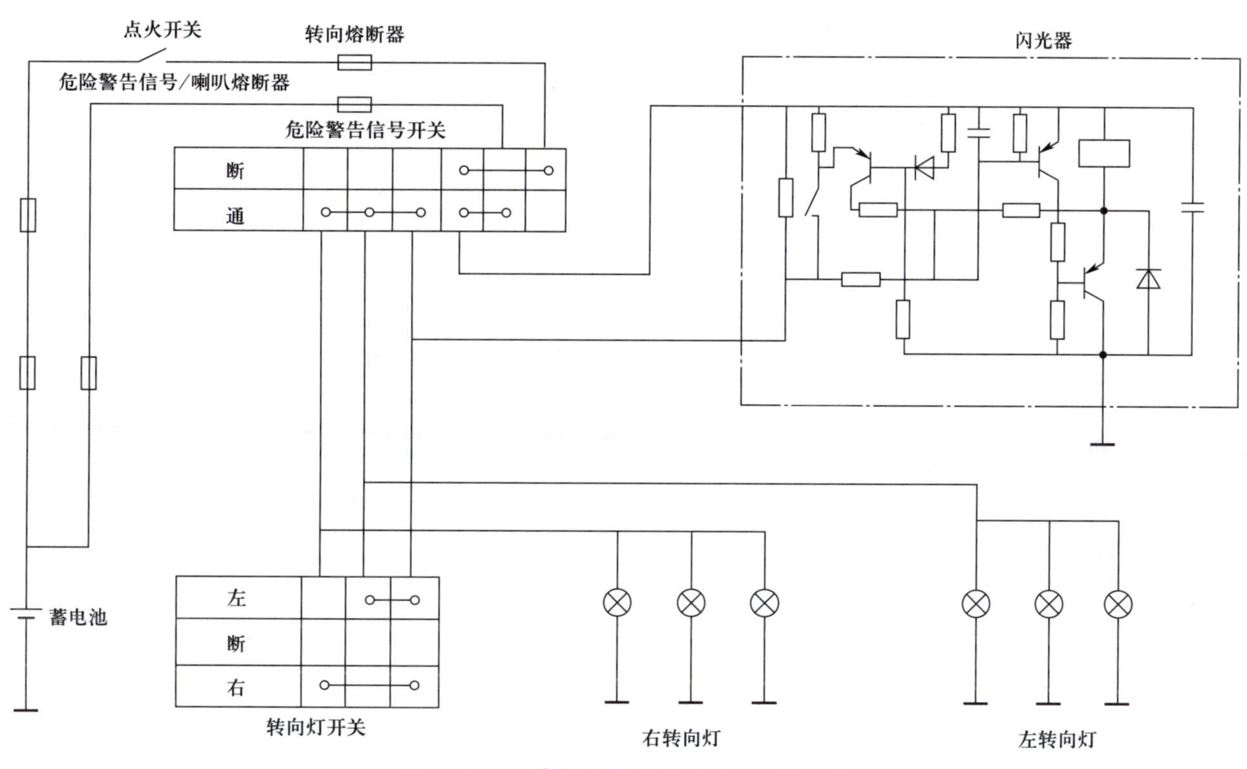

图 4-3-1　带闪光器式转向灯控制电路

（3）闪光器有____个插脚，这几个插脚分别是电源、信号和__________。闪光器的作用是________________________。

（4）控制左转向或右转向的开关是______________。

（5）各个转向灯是______（串联 / 并联）的关系。

（6）在汽车转向时，________点火开关，将__________置于“左”（或“右”）挡，电流从蓄电池正极→点火开关→转向熔断器→危险警告信号开关（处于“断开”状态）→____________→____→转向灯开关“左”（或“右”）转向挡位→左（或右）转向灯→搭铁→蓄电池负极，左（或右）转向灯________。

2．模块控制式转向灯控制电路

模块控制式转向灯开关电路和转向灯控制电路如图 4-3-2 和图 4-3-3 所示。

根据图 4-3-2 和图 4-3-3，查阅相关资料，可以分析得到以下结论：

（1）车身控制模块 K9 主要负责车身的电气控制，如车灯、门锁、喇叭、制动踏板信号等的控制。

（2）转向信号 / 多功能开关一共有____个端子，其中，端子“____”搭铁。控制左转的是端子“______”，控制右转的是端子“____”。与 K9 的 X3 端子“12”连接的是端子“______”，与 K9 的 X3 端子“24”连接的是端子“____”。

（3）转向灯只在汽车点火开关置于“ON”挡或“START”挡时才点亮。接收到转向请求信号后，车身控制模块 K9 通过数据总线传输，在__________中显示左 / 右转向灯。

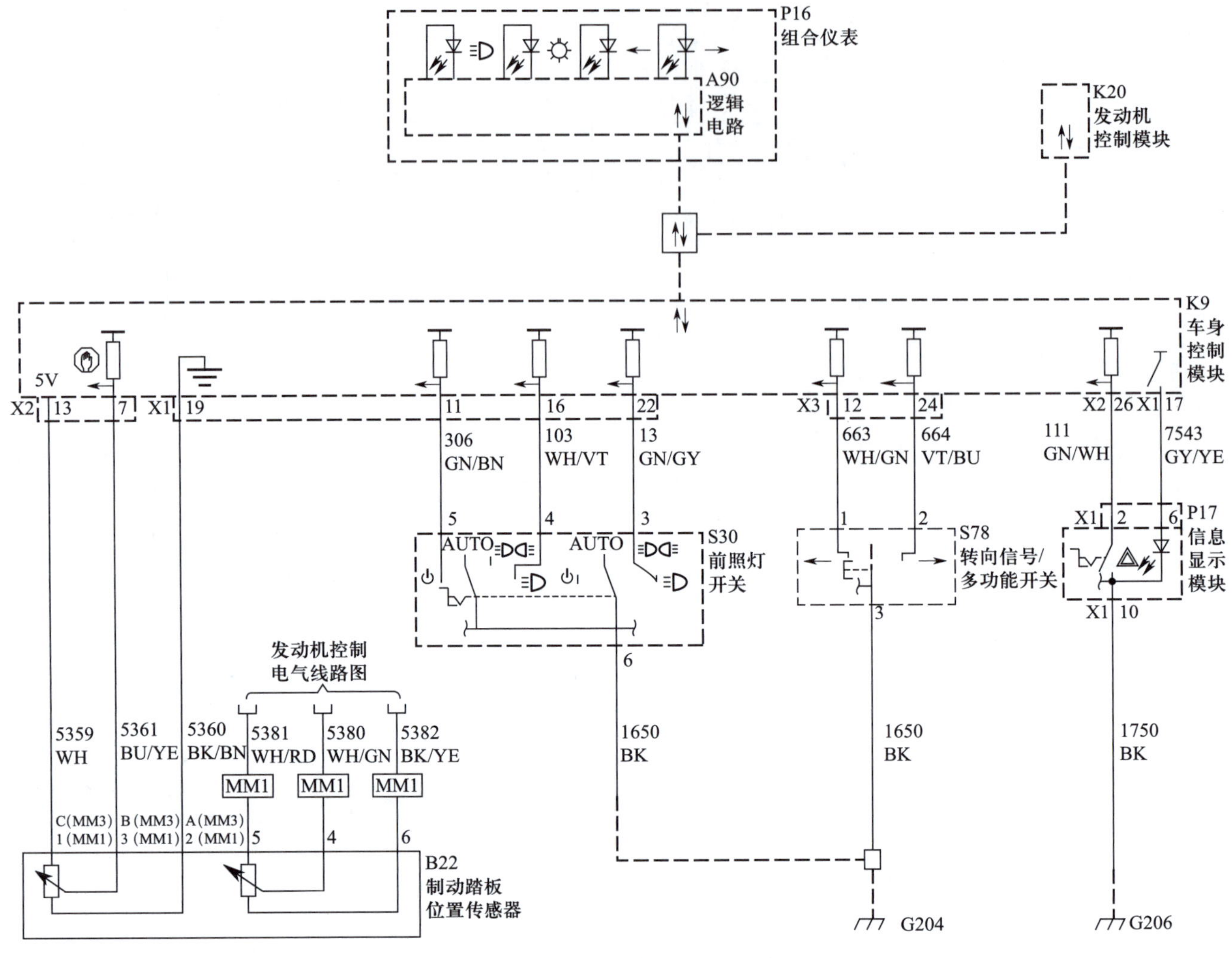

图 4-3-2　模块控制线转向灯开关电路

（4）接收到左转向请求信号后，车身控制模块 K9 给 X5 端子“____”提供脉冲电压，左前转向灯、左侧转向灯闪烁。K9 给 X5 端子“______”提供脉冲电压，左后转向灯闪烁。

（5）接收到右转向请求信号后，车身控制模块 K9 给 X4 端子“____”提供脉冲电压，右前转向灯、右侧转向灯闪烁。K9 给 X4 端子“4”提供脉冲电压，________灯闪烁。

（6）左后转向灯有____个端子，X410 的端子“4”是左后转向灯的电源，这个电源是 K9 的线束连接器 X5 端子“1”提供的，X410 的端子“8”是____________，搭铁点是______。

（7）右后转向灯有____个端子，X420 的端子“4”是__________，这个电源是 K9 的线束连接器 X4 端子“____”提供的，X420 的端子“____”是搭铁，搭铁点是 G307。

三、转向灯控制电路的常见故障

1．分析故障原因

查阅资料，在表 4-3-1 中写出转向灯控制电路故障可能的故障原因。

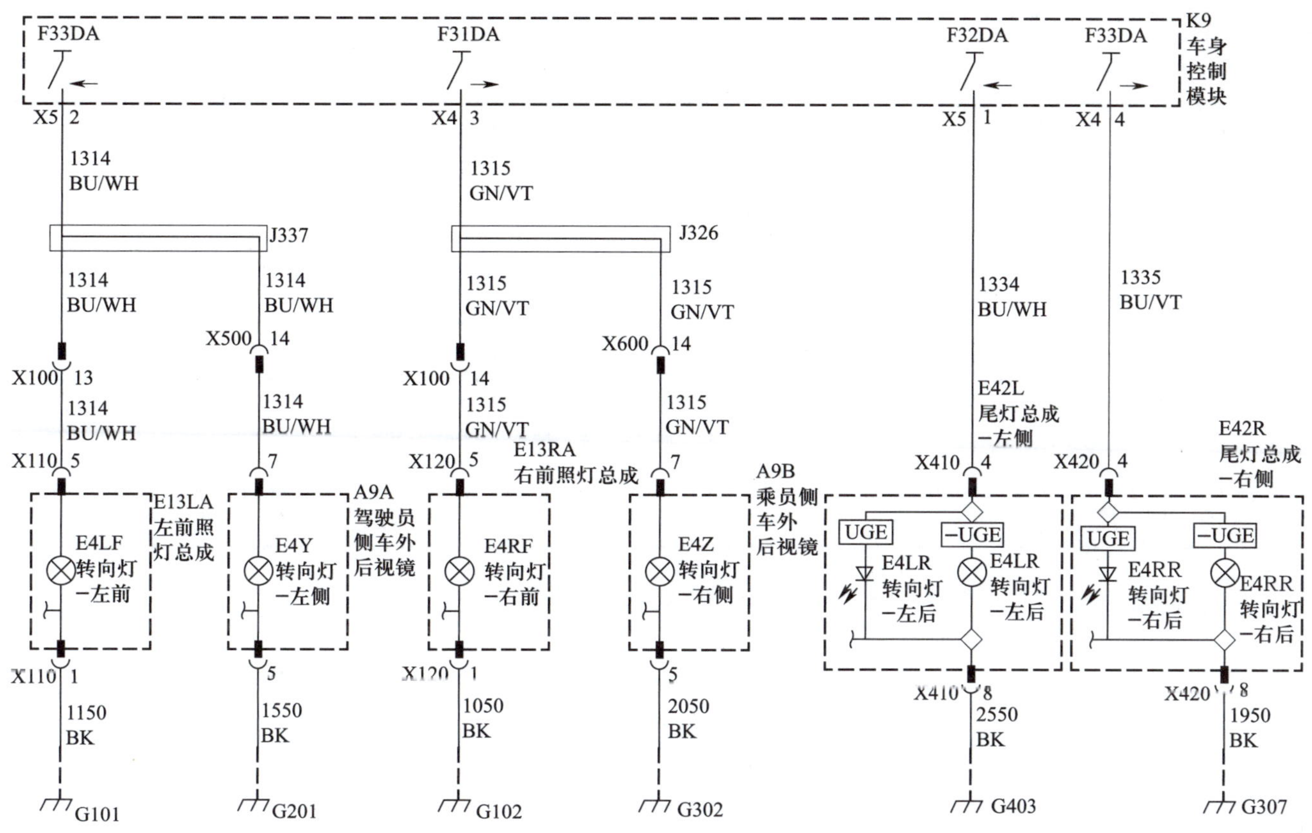

图 4-3-3　模块控制式转向灯控制电路

表 4-3-1　转向灯控制电路故障原因分析

故障现象	可能的故障原因
两侧转向灯同时闪烁	
某一侧转向灯不亮，两侧转向灯闪烁频率不同	
某一转向灯常亮不闪	

2．制定检修方案

根据任务要求，制定检修方案。

（1）根据具体工作内容，明确小组成员分工，填写在表 4-3-2 中。

表 4-3-2　小组成员分工

姓名	分工

（2）根据要求列出检修所需主要工具及材料清单，填写在表 4–3–3 中。

表 4–3–3　　检修所需主要工具及材料清单

序号	工具及材料名称	单位	数量	备注

（3）根据小组分工情况及客户要求，制定具体的检修工序，填写在表 4–3–4 中。

表 4–3–4　　检修工序安排

序号	检修工序内容	备注

四、转向灯控制电路简单故障检修

下面以 2016 款别克威朗汽车为例，进行转向灯控制电路简单故障检修。

1．两侧转向灯同时闪烁故障检修

发生两侧转向灯同时闪烁故障时，应考虑从转向信号 / 多功能开关电路进行检查，排除故障。

（1）将点火开关置于“OFF”挡。

（2）断开车身控制模块 K9 的线束连接器 X3，如图 4–3–4 所示。

（3）用万用表测量车身控制模块 K9 的 X3 端子“12”与搭铁之间的电阻值应为__________，如图 4–3–5 所示。

（4）用万用表测量车身控制模块 K9 的 X3 端子“24”与搭铁之间的电阻值应为__________，如图 4–3–6 所示。

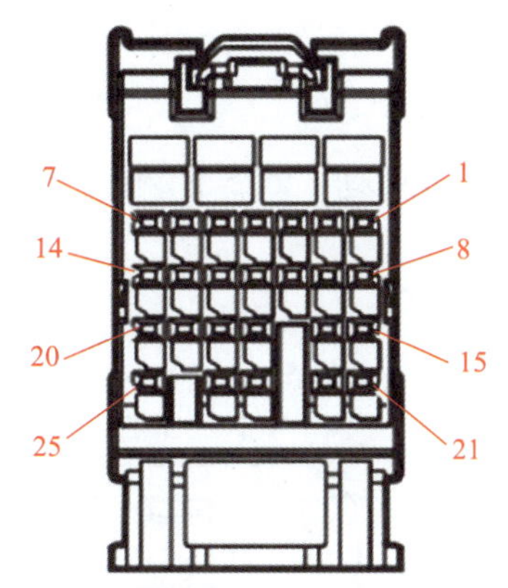

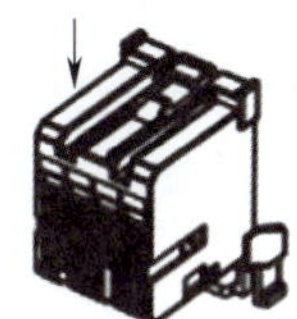

图 4-3-4　断开车身控制模块 K9 的线束连接器 X3

图 4-3-5　测量车身控制模块 K9 的 X3 端子“12”与搭铁之间的电阻值

图 4-3-6　测量车身控制模块 K9 的 X3 端子“24”与搭铁之间的电阻值

如果测得的两个电阻均不为无穷大，则可能是转向信号 / 多功能开关故障，需要更换________________________________。如果测得的两个电阻值均为无穷大，说明车身控制模块 K9 故障，应更换。

2．左后转向灯不亮，两侧转向灯闪烁频率不同故障检修

发生左后转向灯不亮，两侧转向灯闪烁频率不同故障时，应重点检查该转向灯的搭铁、电源和灯泡电路，排除故障。

（1）将点火开关置于“OFF”挡，断开左侧尾灯总成 E42L 的线束连接器 X410，如图 4-3-7 所示。

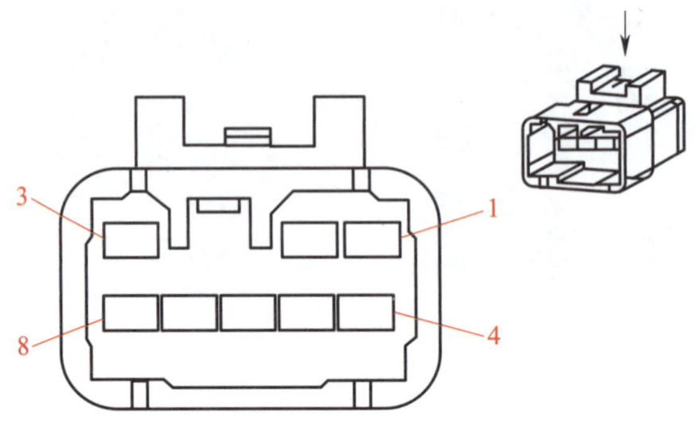

图 4-3-7　断开线束连接器 X410

（2）检查左后转向灯的搭铁电路，测量 X410 端子“8”与搭铁之间的电阻值应为______Ω。如果测得的电阻等于或大于 5 Ω，则测量搭铁电路的端对端电阻应为______Ω。如果测得的端对端电阻大于或等于 2 Ω，说明搭铁电路中存在__________故障，应检修。

（3）检查左后转向灯的电源电路，将点火开关置于“ON”挡，将转向开关置于左转向挡，用万用表测量 X410 的端子“4”的电压应为______V。

如果测得电压近似为 0，如图 4-3-8 所示，则检查 K9 的 X5 端子“1”与 X410 端子“4”之间的电阻应为______Ω。如果测得的电阻大于或等于 2 Ω，则说明左后转向灯电源电路中存在____________故障，应检修。

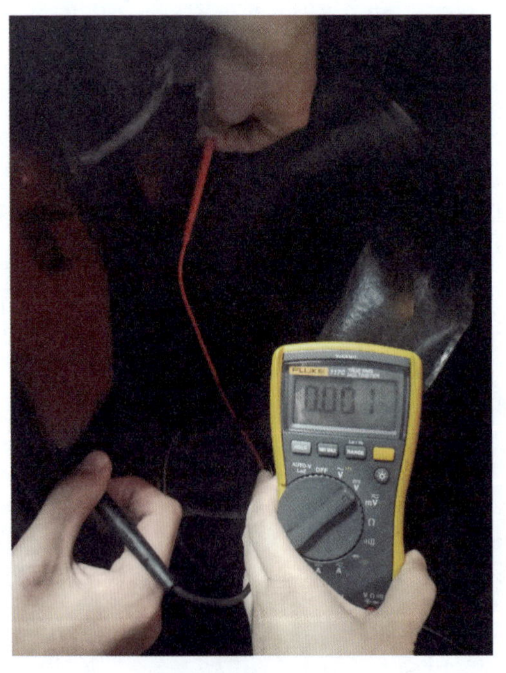

图 4-3-8　测量左后转向灯控制电源电压

（4）如果搭铁电路和电源电路正常，则应检查左后转向灯是否正常。如果左后转向灯正常，说明车身控制模块 K9 异常，应更换。

3．右后转向灯常亮不闪故障检修

发生右后转向灯常亮不闪故障时，应考虑该转向灯是否存在短路故障，重点检查电源电路，排除故障。

（1）将点火开关置于“OFF”挡。

（2）断开车身控制模块 K9 的线束连接器 X4，将点火开关置于“ON”挡，如图 4-3-9 所示。

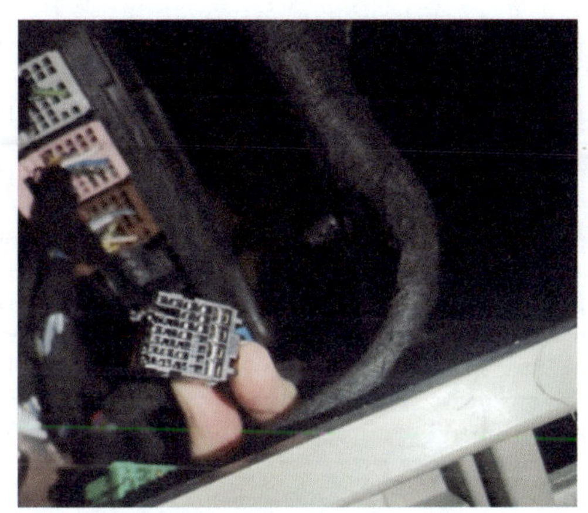

图 4-3-9　断开车身控制模块 K9 的线束连接器 X4

（3）测量 X420 端子“4”与搭铁之间的电压应为______V。

如果测得的电压大于 1 V，如图 4-3-10 所示，说明电源电路存在________故障，应更换该电源电路。如果测得的电压小于 1 V，说明故障在车身控制模块 K9，应更换该模块。

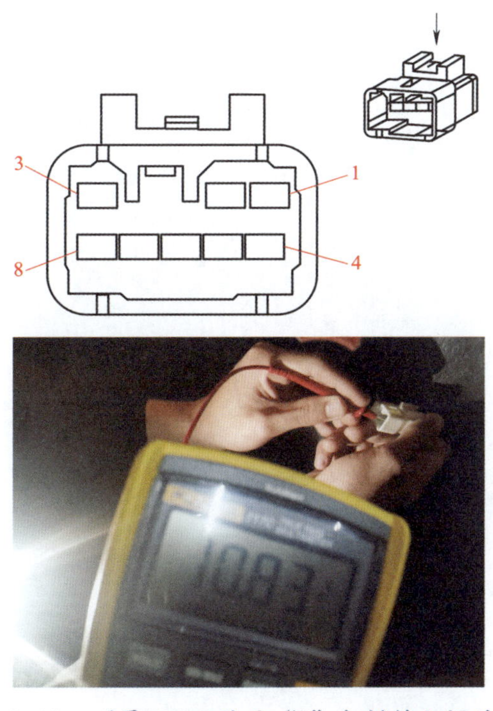

图 4-3-10　测量 X420 端子“4”与搭铁之间的电压

五、学习活动评价

学习活动评价见表 4–3–5。

表 4–3–5 学习活动评价

<table>
<tr><td>班级</td><td></td><td>姓名</td><td></td><td>学号</td><td></td><td>日期</td><td>年　月　日</td></tr>
<tr><td>序号</td><td colspan="5">评价要点</td><td>配分</td><td>得分</td><td>总评</td></tr>
<tr><td>1</td><td colspan="5">能正确识读和填写工作页，明确学习活动要求</td><td>10</td><td></td><td rowspan="9">A □（86～100 分）
B □（76～85 分）
C □（60～75 分）
D □（60 分以下）</td></tr>
<tr><td>2</td><td colspan="5">能查阅资料，写出转向灯控制电路的作用和组成</td><td>10</td><td></td></tr>
<tr><td>3</td><td colspan="5">能查阅资料，进行转向灯控制电路的识读</td><td>10</td><td></td></tr>
<tr><td>4</td><td colspan="5">能查阅资料，写出转向灯控制电路常见故障的原因</td><td>10</td><td></td></tr>
<tr><td>5</td><td colspan="5">能按规范流程，完成转向灯控制电路简单故障检修</td><td>30</td><td></td></tr>
<tr><td>6</td><td colspan="5">能遵守劳动纪律，以积极的态度接受工作任务</td><td>10</td><td></td></tr>
<tr><td>7</td><td colspan="5">能积极参与小组讨论，发挥团队合作精神</td><td>10</td><td></td></tr>
<tr><td>8</td><td colspan="5">能及时完成教师布置的任务</td><td>10</td><td></td></tr>
<tr><td colspan="6">总　分</td><td>100</td><td></td></tr>
<tr><td>小结
建议</td><td colspan="8"></td></tr>
</table>

学习活动 4　危险警告信号控制电路简单故障检修

学习目标

1. 能描述危险警告信号控制电路的作用和组成。

2. 能进行危险警告信号控制电路的识读。

3. 能分析并确定危险警告信号控制电路的简单故障和原因。

4. 能进行危险警告信号控制电路简单故障检修。

建议学时：4 学时。

学习过程

一、危险警告信号控制电路的作用

在车辆发生故障或者处于特殊状态下时，按下______________________会点亮所有转向灯，警示其他车辆和行人。危险警告信号在点火开关接通和断开时均____（能 / 不能）工作。

二、危险警告信号控制电路的组成

1．带闪光器式危险警告信号控制电路包括____________________、________________、转向灯和转向信号指示灯等。

2．模块控制式危险警告信号控制电路包括________________、车身控制模块 K9、____________、____________________等。

三、危险警告信号控制电路的识读

1．带闪光器式危险警告信号控制电路的识读

根据图 4-3-1 所示电路，可以分析得出以下结论：

（1）危险警告信号开关要接通电源时______（需要 / 不需要）打开点火开关。

（2）危险警告信号开关有______个挡位，分别是______和________。

（3）危险警告信号开关______（可以 / 不可以）同时给所有转向灯供电。

（4）在危险警告信号控制电路中，转向灯开关______（需要 / 不需要）参与工作。

（5）按下________________，电流从蓄电池正极→危险警告信号 / 喇叭熔断器→危险警告信号开关→______________→____________________→左、右转向灯→搭铁→蓄电池负极，左、右转向灯________________。

2．模块控制式危险警告信号控制电路的识读

根据图 4–3–2、图 4–3–3 所示电路，可以分析得出以下结论：

（1）信息显示模块 P17 一共有____个端子，其中，端子“____”是搭铁。控制接通危险警告信号开关的是端子“____”。与 K9 上线束连接器 X2 端子“26”连接的是端子“____”，与 K9 上线束连接器 X1 端子“17”连接的是端子“____”。

（2）接到危险警告信号请求后，车身控制模块 K9 给线束连接器 X5 端子“2”、线束连接器 X4 端子“3”、线束连接器 X5 端子“____”、线束连接器 X4 端子“4”同时提供脉冲电压，所有转向灯闪烁。

（3）接通危险警告信号开关时，危险警告信号开关在车身控制模块 K9 上对应的信号端子会__________，作为对危险警告信号开关的反应，车身控制模块 K9 会给________提供蓄电池电压，全部转向灯同时闪烁。激活危险警告信号开关时，车身控制模块 K9 向________发送串行数据信息，转向指示灯循环点亮和熄灭。

四、危险警告信号控制电路的常见故障

1．分析故障原因

查阅资料，在表 4–4–1 中填写危险警告信号控制电路故障可能的故障原因。

表 4–4–1　　危险警告信号控制电路故障原因分析

故障现象	可能的故障原因
危险警告信号不亮	
危险警告信号常亮	

2．制定维修方案

根据任务要求，制定维修方案。

（1）根据具体工作内容，明确小组成员分工，填写在表 4–4–2 中。

表 4–4–2　小组成员分工

姓名	分工

（2）根据要求列出检修所需主要工具及材料清单，填写在表 4–4–3 中。

表 4–4–3　检修所需主要工具及材料清单

序号	工具及材料名称	单位	数量	备注

（3）根据小组分工情况及客户要求，制定具体的检修工序，填写在表 4–4–4 中。

表 4–4–4　检修工序安排

序号	检修工序内容	备注

五、危险警告信号控制电路简单故障检修

1．危险警告信号不亮故障检修

发生危险警告信号不亮故障时，应考虑从信息显示模块 P17 搭铁电路和信号电路进行检查，排除故障。

（1）测量信息显示模块 P17 的搭铁电路

将点火开关置于“OFF”挡，测量信息显示模块 P17 的搭铁端子“10”与搭铁之间的电阻为______Ω。如果测得的电阻大于或等于 2 Ω，说明搭铁电路中有________故障，应更换搭铁电路，如图 4–4–1 所示。

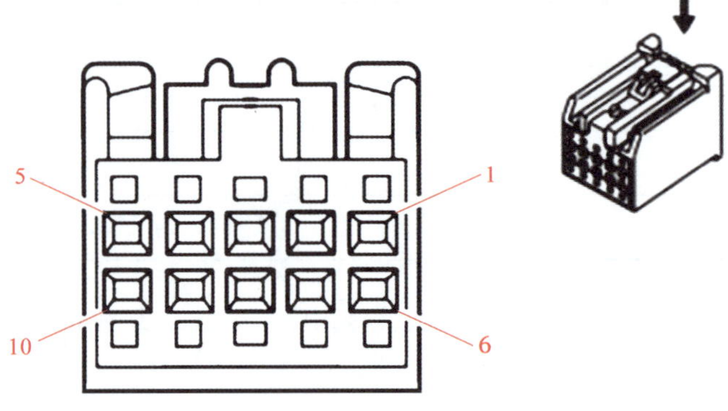

图 4–4–1　信息显示模块 P17

（2）测量信息显示模块 P17 的信号电路

断开车身控制模块 K9 的线束连接器 X2，如图 4–4–2 所示。

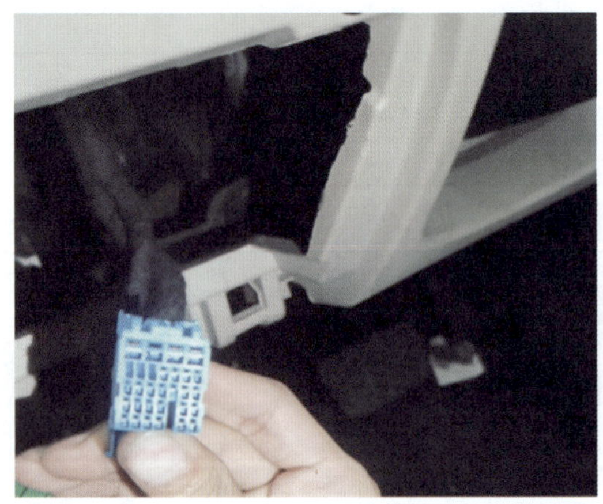

图 4–4–2　断开车身控制模块 K9 的线束连接器 X2

闭合信息显示模块 P17，用万用表测量信息显示模块 P17 的端子“2”与搭铁之间的电阻应为______Ω。如果测得的电阻大于或等于 2 Ω，说明信号电路中存在________故障，则测量信息显示模块 P17 的端子“2”与端子“10”之间的电阻应为______Ω，测量车身控制模块 K9 线束连接器 X2 端子“26”与信息显示模块 P17 X1 端子“2”的电阻应为______Ω。如果测得的这两个电阻均小于 2 Ω，说明车身控制模块 K9 有故障，应更换。

2．危险警告信号常亮故障检修

发生危险警告信号常亮故障时，应考虑信息显示模块 P17 可能存在短路故障，主要从信息显示模块 P17 信号线路和 P17 自身进行检查，排除故障。

（1）测量信息显示模块 P17 信号线路

将点火开关置于“OFF”挡，断开车身控制模块 K9 的线束连接器 X2。

用万用表测量车身控制模块 K9 的线束连接器 X2 端子“26”与搭铁之间的电阻应为______，如图 4-4-3 所示。如果测得的电阻不为无穷大，则说明信号电路中存在________故障，应更换端子 26 所在电路。

图 4-4-3　测量车身控制模块 K9 的线束连接器 X2 端子“26”与搭铁之间的电阻

如果测得的电阻为无穷大，则继续测量信息显示模块 P17 端子“2”与搭铁之间的电阻应为______。如果测得的电阻不为无穷大，则说明电路中存在________故障，应更换端子“2”所在电路。

（2）测量信息显示模块 P17

不闭合信息显示模块 P17，测量信息显示模块 P17 端子“2”与端子“10”之间的电阻应为______。如果测得的电阻小于或等于 2 Ω，则说明信息显示模块 P17 的开关存在________故障，应更换信息显示模块 P17，否则应更换车身控制模块 K9。

六、学习活动评价

学习活动评价见表 4-4-5。

表 4-4-5　学习活动评价表

班级		姓名		学号		日期	年　月　日
序号	评价要点				配分	得分	总评
1	能正确识读和填写工作页，明确学习活动要求				10		A □（86～100分） B □（76～85分） C □（60～75分） D □（60分以下）
2	能查阅资料，写出危险警告信号控制电路的作用和组成				10		
3	能查阅资料，进行危险警告信号控制电路的识读				15		
4	能查阅资料，写出危险警告信号控制电路常见故障的原因				10		
5	能按规范流程，完成危险警告信号控制电路简单故障检修				25		
6	能遵守劳动纪律，以积极的态度接受工作任务				10		
7	能积极参与小组讨论，发挥团队合作精神				10		
8	能及时完成教师布置的任务				10		
总　分					100		
小结建议							

学习活动 5　工作总结与评价

学习目标

1. 能以小组形式，对学习过程和成果进行总结。
2. 能完成对学习过程的综合评价。

建议学时：2 学时。

学习过程

一、工作总结

在世界技能大赛中，选手应具有一定的组织规划、沟通、创新等能力，这在实际的生产工作中是十分必要的。以小组为单位，选择演示文稿、展板、海报、视频等形式中的一种或几种，向全班展示、汇报学习成果。

二、综合评价

针对本任务的学习情况，根据表 4–5–1 所列综合评价标准进行评分。

表 4–5–1　综合评价标准

评价项目	评价内容及标准	配分	评分		
			自我评价	小组评价	教师评价
工作组织和管理	团队合作，合理计划，高效管理时间	3			
	定期检查工作进展和效果	3			
	保证高质量完成工作	4			
沟通能力	深度咨询客户，完全理解其要求	10			
	提供明确说明，准确回答客户的疑问	10			
计划创新能力	及时处理工作中遇到的问题	10			
	提出创新性、可行性建议，提高客户满意度	10			

续表

评价项目	评价内容及标准	配分	评分		
			自我评价	小组评价	教师评价
专业知识	具备信号系统的组成、功能及原理等知识	5			
	具备汽车转向灯和危险警告信号故障检修知识	10			
实践能力	具备汽车转向灯的检查和更换技能	5			
	具备汽车转向灯控制电路故障检修技能	10			
	具备汽车转向灯及危险警告信号控制电路识读技能	10			
	具备汽车危险警告信号控制电路故障检修技能	10			
学生姓名		综合评价得分			
指导教师		日期			

三、学习任务四整体评价

学习任务四整体评价见表 4-5-2。

表 4-5-2 学习任务四整体评价表

项目	自我评价			小组评价			教师评价		
	10～9 分	8～6 分	5～1 分	10～9 分	8～6 分	5～1 分	10～9 分	8～6 分	5～1 分
	占总评 10%			占总评 30%			占总评 60%		
学习活动 1									
学习活动 2									
学习活动 3									
学习活动 4									
学习活动 5									
协作精神									
纪律观念									
表达与分析能力									
工作态度									
任务总体表现									
小计分									
总评分									

世赛知识

世界技能组织

世界技能组织（WSI）是世界技能大赛的组织机构，其前身是国际职业技能训练组织（IVTO）。20世纪50年代，西班牙和葡萄牙两国发起并创立了“国际职业技能训练组织”，目的是感召青年人重视职业技能，引导社会和雇主重视职业技能培训，并通过举办世界性的竞赛来实现该目标。后来，在“国际职业技能训练组织”50周年会员大会上，“国际职业技能训练组织”更名为“世界技能组织”。世界技能组织是非政府国际组织，注册地在荷兰。

世界技能组织的宗旨是提升公众对技能人才的认可度，展示技能在实现经济发展和个人职业生涯中的重要性。

世界技能组织的目标如下：

（1）通过各成员的共同努力，促进世界技能组织的发展。

（2）把世界技能大赛作为加强技能认同、促进技能发展的主要方式。

（3）发展一个现代化的、灵活的组织机构，支持世界技能组织的全球性活动。

（4）与政府、非政府组织和所选择的企业发展战略合作伙伴关系，共同为实现组织的目标而努力。

（5）传播信息，共享知识、技能标准和世界技能组织的评价标准。

（6）建立便利的国际联系网络，为世界技能组织的利益相关者创造更多技能发展和技能创新的机会。

（7）鼓励世界技能组织成员和世界范围内的年轻人加强技能、知识和文化的交流。

学习任务五　汽车仪表照明灯不亮故障检修

学习目标

1. 能描述仪表的作用和类型。
2. 能描述仪表的组成和安装位置。
3. 能进行仪表的检查。
4. 能描述仪表系统的组成和工作原理。
5. 能进行仪表系统的检查与更换。
6. 能描述仪表系统控制电路的作用和组成。
7. 能进行仪表系统控制电路的识读。
8. 能分析并确定仪表系统控制电路的简单故障和原因。
9. 能进行仪表系统控制电路简单故障检修。
10. 能对维修场地设备进行日常维护保养，按“6S”管理规定要求清理现场。
11. 能对相关资料、互联网资源进行检索，完成检修工单和工作页的填写。
12. 能展示工作成果，进行任务评价，总结工作经验，优化检修方案。
13. 能在作业过程中严格执行企业操作规范、安全生产制度、环保管理制度，严格遵守从业人员的职业道德，具有吃苦耐劳、爱岗敬业的工作态度和职业责任感。

建议学时

12 学时。

工作情境描述

某客户将汽车仪表系统调到灯光开关挡时，仪表照明灯不亮，于是将车辆开往维修站维修。经班组长检查，初步判断为仪表系统故障。汽车修理工需对仪表系统进行检查，根据维修手册相关要求，在规定时间内，参照维修资料完成仪表系统的检查与零部件的更换工作，自检合格后交付班组长验收。

工作流程与活动

1．仪表的认知（2 学时）

2．仪表系统的检查与更换（4 学时）

3．仪表系统控制电路简单故障检修（4 学时）

4．工作总结与评价（2 学时）

思维导图

学习任务五
汽车仪表照明灯不亮故障检修
学习活动1
仪表的认知
仪表的作用
仪表的类型
仪表的组成和安装位置
仪表的组成
仪表的安装位置
仪表的常见故障
仪表的检查
学习活动2
仪表系统的
检查与更换
仪表系统的组成
仪表系统的工作原理
车速表
里程表
燃油表
转速表
冷却液温度表
机油压力指示灯
仪表系统的常见故障
仪表系统的检查与更换
仪表系统的拆卸
仪表系统的检查
仪表系统的更换注意事项
学习活动3
仪表系统控制电路
简单故障检修
仪表系统控制电路的作用和组成
仪表系统控制电路的识读
仪表系统控制
电路的常见故障
分析故障原因
制定检修方案
仪表系统控制
电路简单故障检修
燃油表指示不
准确故障检修
发动机机油压力
显示故障检修
学习活动4
工作总结
与评价
工作总结
综合评价
学习任务五整体评价

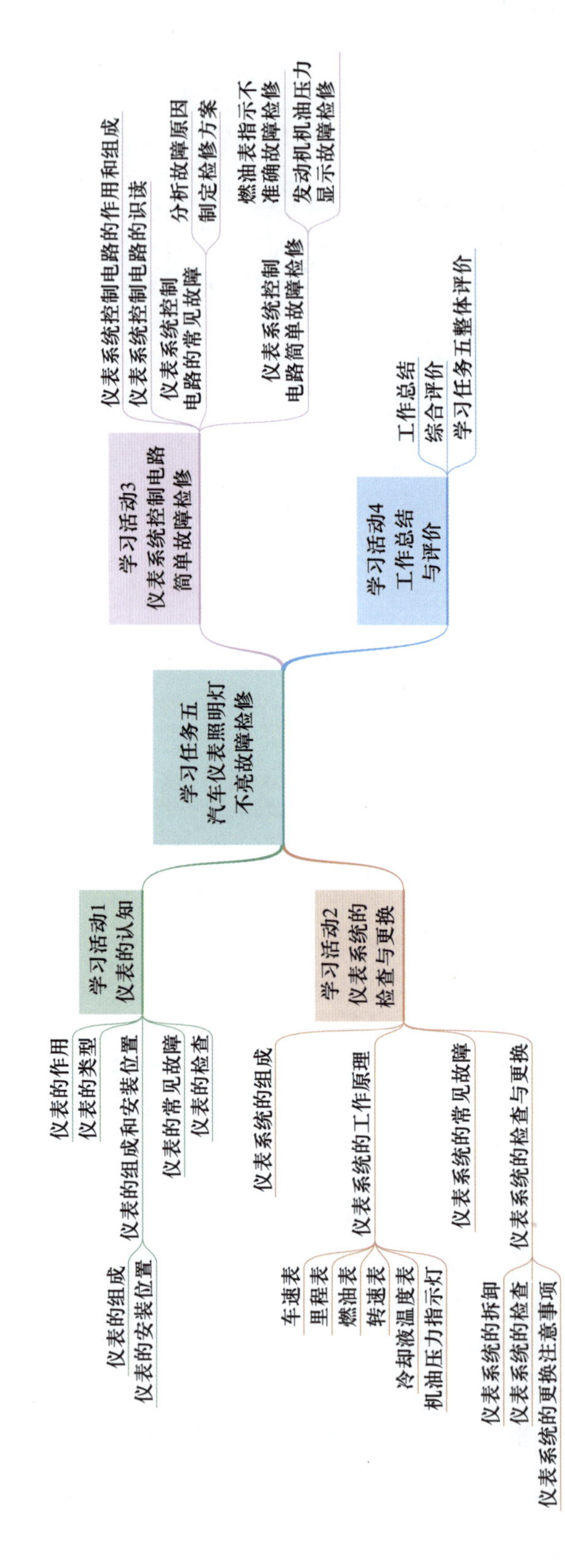

学习活动 1　仪表的认知

学习目标

1. 能描述仪表的作用和类型。
2. 能描述仪表的组成和安装位置。
3. 能进行仪表的检查。

建议学时：2 学时。

学习过程

一、仪表的作用

仪表是人与汽车的交互界面，可以为驾驶员提供汽车的__________、__________、__________等相关信息，是现代汽车中必不可少的部件。

二、仪表的类型

按照工作原理不同，汽车常规仪表可分为________________和__________两大类。将仪表组合安装在一起的称为__________；内部装有大规模集成电路及微处理器的称为__________。

三、仪表的组成和安装位置

1．仪表的组成

如图 5–1–1 所示，汽车仪表一般由__________、________、__________、____________、____________等组成。

（1）驾驶员信息中心一般位于仪表板的________________，它的任务是通过代码提示或者文字提示显示________________。

（2）仪表指示灯用于提醒____。指示灯一般有 3 种颜色，指示系统正常或者处于启用状态的一般用________；指示系统关闭或者故障一般用________；指示系统故障，车辆不能继续行驶需检修一般用__________。当点火开关置于“ON”挡时，仪表系统会进行自检，在这个过程中，所有的指示灯会__________。自检结束，如果系统处于正常状态，指示灯会________；如果系统不工作或存在故障，指示灯会________。

图 5-1-1 汽车仪表

（3）查阅资料，填写表 5-1-1 中所列指示灯的名称及含义。

表 5-1-1 指示灯的名称及含义

图示	名称	含义
ABS		

续表

图示	名称	含义

续表

图示	名称	含义

2．仪表的安装位置

汽车仪表是驾驶员与汽车之间进行沟通的部件，所以需要安装在驾驶室的________________上，如图 5-1-2 所示。

图 5-1-2　仪表的安装位置

四、仪表的常见故障

仪表的常见故障有：仪表指示不准确、指示灯不亮等，可能的故障原因有：____。

五、仪表的检查

根据仪表的常见故障及可能的故障原因，进行仪表的检查。

1．将点火开关置于“ON”挡时，观察仪表指示灯______（是/否）都点亮，几秒钟之后仍然点亮的指示灯有________________________________；将点火开关置于“起动（ST）”挡，仍然点亮的指示灯有______________________。

2．分析指示灯没有熄灭的原因，填写在表 5-1-2 中。

表 5-1-2　　指示灯没有熄灭的原因

指示灯名称	没有熄灭的原因

六、学习活动评价

学习活动评价见表 5-1-3。

表 5-1-3　　学习活动评价表

<table>
<tr><td>班级</td><td></td><td>姓名</td><td></td><td>学号</td><td></td><td>日期</td><td>年　月　日</td></tr>
<tr><td>序号</td><td colspan="5">评价要点</td><td>配分</td><td>得分</td><td>总评</td></tr>
<tr><td>1</td><td colspan="5">能正确识读和填写工作页，明确学习活动要求</td><td>10</td><td></td><td rowspan="9">A □（86 ~ 100 分）
B □（76 ~ 85 分）
C □（60 ~ 75 分）
D □（60 分以下）</td></tr>
<tr><td>2</td><td colspan="5">能查阅资料，写出仪表的作用</td><td>10</td><td></td></tr>
<tr><td>3</td><td colspan="5">能查阅资料，写出仪表的类型</td><td>10</td><td></td></tr>
<tr><td>4</td><td colspan="5">能查阅资料，写出仪表的组成和安装位置</td><td>20</td><td></td></tr>
<tr><td>5</td><td colspan="5">能按规范流程，完成仪表的检查</td><td>20</td><td></td></tr>
<tr><td>6</td><td colspan="5">能遵守劳动纪律，以积极的态度接受工作任务</td><td>10</td><td></td></tr>
<tr><td>7</td><td colspan="5">能积极参与小组讨论，发挥团队合作精神</td><td>10</td><td></td></tr>
<tr><td>8</td><td colspan="5">能及时完成教师布置的任务</td><td>10</td><td></td></tr>
<tr><td colspan="6">总　分</td><td>100</td><td></td></tr>
<tr><td>小结
建议</td><td colspan="8"></td></tr>
</table>

学习活动 2　仪表系统的检查与更换

学习目标

1. 能描述仪表系统的组成和工作原理。
2. 能进行仪表系统的检查与更换。

建议学时：4 学时。

学习过程

一、仪表系统的组成

仪表系统主要由硬件与软件两大部分组成。________主要指其电路部分，采用传感器对各种信号进行检测，然后在微处理器软件的作用下对各种信号进行转换、处理，最后由显示电路显示出各种信息。________是生产厂家预先写入存储器中的各种控制程序，用来完成信号的处理和对各种功能进行控制。

二、仪表系统的工作原理

图 5-2-1 所示为仪表系统的组成框图。仪表系统通常由传感器检测电路、输入电路、中央处理器、输出电路、显示电路等构成。传感器检测电路包括车速传感器、______________、燃油量传感器、冷却液温度传感器、油压传感器等，还有各种开关也是作为传感器使用的，如转向灯开关、车门开关等。这些传感器实时地将检测到的车辆各种状态信息提供给控制模块，完成信号的采集功能。

显示电路在中央处理器的作用下完成对各种控制功能的显示，如车速表、转速表、燃油表、冷却液温度表、里程表等。汽车数字式仪表的显示方式有以下两种：一种是____________。这种显示方式的特点是采用 LCD 显示屏直接将各种功能用英文字母、数字、图形等形式显示出来，具有直观、醒目等优点，且体积较小。另一种是____________。这种显示方式的特点是采用数字电路控制______________，由步进电动机驱动指针进行显示。其基本原理如下：步进电动机将________________转换为________________，一个脉冲信号可以驱动步进电动机按设定的方向转动一个固定的角度，它的旋转是以固定的角度一步步运行的，通过控制__________来控制__________，从而达到准确定位的目的；同时，还可以通过控制脉冲频率来控制电动机转动的速度和加速度，以达到调速的目的。

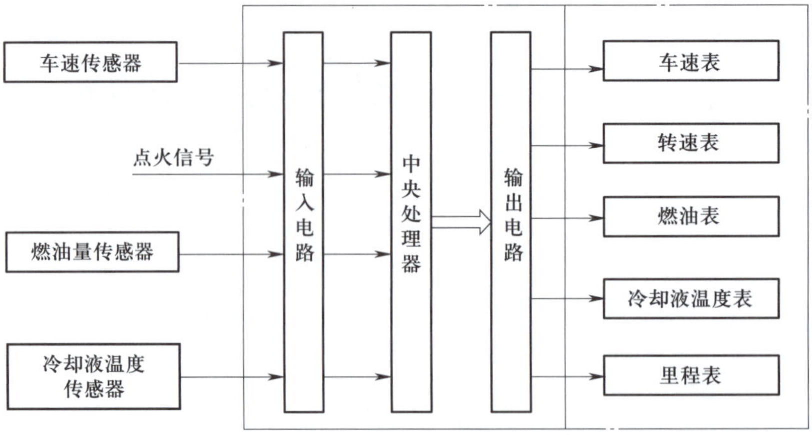

车速传感器
点火信号
燃油量传感器
冷却液温度传感器
输入电路
中央处理器
输出电路
车速表
转速表
燃油表
冷却液温度表
里程表

图 5-2-1　仪表系统的组成框图

数字显示方式的控制性能好，抗干扰能力强，广泛应用于汽车仪表指针旋转角度的控制。汽车上的车速、发动机转速、燃油量、发动机冷却液温度等信息大都采用指针显示方式进行指示。

1．车速表

车速表用来显示______________，车速表的单位是________。______________将车速信息发送给车身控制模块，车身控制模块将信息发送给仪表控制单元，以 km/h 的方式显示在车速表中，如图 5-2-2 所示。

图 5-2-2　车速表

2．里程表

里程表的作用是显示______________，包括______________和______________。发动机控制模块将______传感器的信号转换成距离信号，通过总线将信号发送给车身控制模块，车身控制模块将信号发送给______________，显示汽车当前行驶里程，如图 5-2-3 所示。

图 5-2-3　里程表

3．燃油表

燃油表的作用是显示油箱内的______________。发动机控制模块将______________传感器的信号通过总线发送给车身控制模块，车身控制模块将信号发送给________________，显示当前燃油液位，如图 5-2-4 所示。

图 5-2-4　燃油表

4．转速表

转速表用来显示____________________，便于驾驶员选择发动机的最佳速度范围，把握换挡时机。转速表的单位是________。发动机控制模块将________传感器的信号通过总线发送给车身控制模块，_________________将信号发送给仪表控制单元，显示当前发动机转速，如图 5-2-5 所示。

图 5-2-5　转速表

5．冷却液温度表

冷却液温度表用来显示发动机冷却液的________，由____________将冷却液温度传感器的信号提供给车身控制模块，车身控制模块通过______________将信号发送给组合仪表进行显示，如图 5-2-6 所示。

图 5-2-6　冷却液温度表

6．机油压力指示灯

机油压力指示灯是发动机润滑系统工作状况指示装置。发动机工作时，必须保持正常油压。如果油压过低，各摩擦表面会因得不到足够的润滑而加快磨损，影响发动机正常工作。在汽车行驶过程中，一旦发现机油压力指示为零、机油压力指示灯亮，应立即停车检查，只有在确认润滑系统机油压力正常后，车辆才能继续行驶。

如图 5-2-7 所示，发动机控制模块监测________________，组合仪表从发动机控制模块接收到指示发动机机油压力的串行数据信息，并以指示灯的方式显示出来。

a）

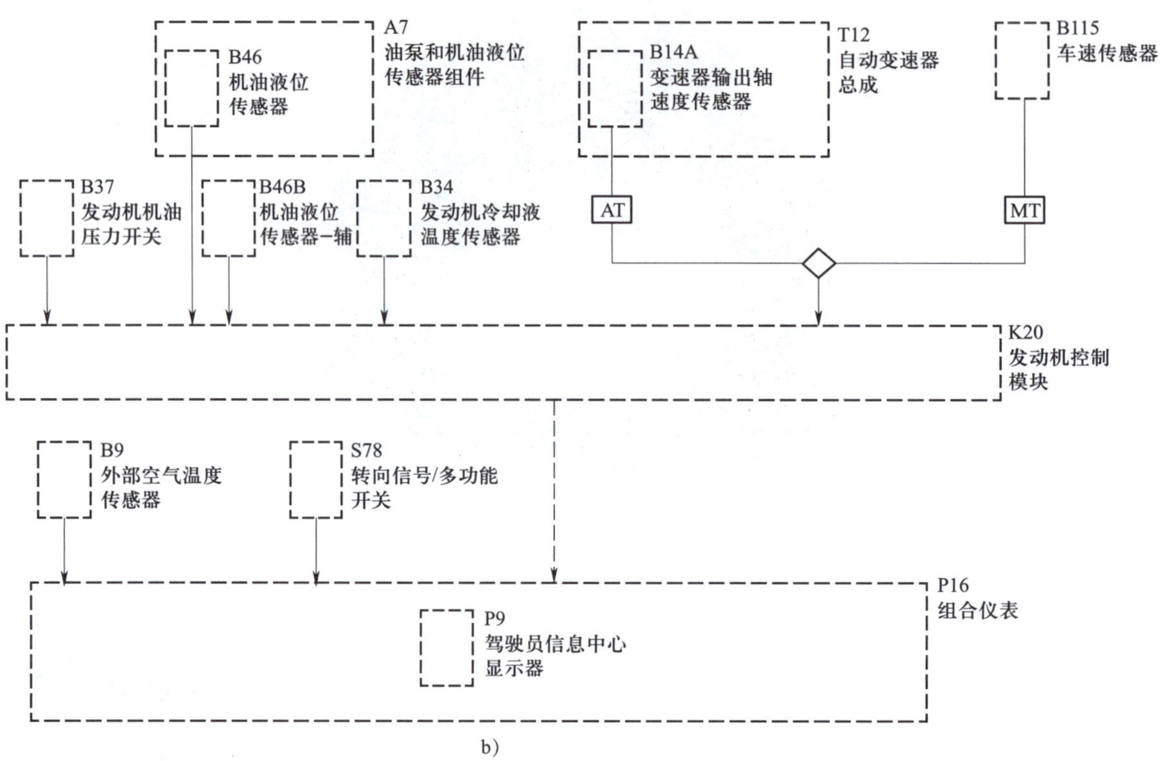

b）

图 5–2–7　机油压力指示灯

a）实物图　b）控制电路图

三、仪表系统的常见故障

组合仪表的常见故障有：仪表显示不准确、指示灯不亮等，可能的故障原因有：____。

四、仪表系统的检查与更换

根据仪表系统的常见故障及可能的原因，进行仪表系统的检查与更换。

1．仪表系统的拆卸

按照表 5–2–1 完成组合仪表的拆卸，并将拆卸步骤补充完整。

表 5-2-1　　组合仪表的拆卸

序号	拆装步骤	图示
1	调整转向盘到最低位置，拆卸组合仪表装饰面板的________	
2	拆卸仪表系统__________，移出组合仪表	
3	断开仪表板线束插头，取下__________，至此组合仪表拆卸完毕	

2．仪表系统的检查

使用上海大众汽车 VAS6150B 专用诊断仪进行仪表系统的检查，该诊断仪的功能如下：读取并清除故障码、执行元件测试、进行基本调整、读取数据流、读取单独通道数据、进行控制单元编码、进行自适应匹配、引导系统等。使用 VAS6150B 专用诊断仪的引导型功能驱动仪表系统动作，检查仪表系统是否存在工作不正常的情况。使用 VAS6150B 专用诊断仪驱动仪表系统时，如果________________，或者________________，或者________________，说明该仪表有故障，应更换。

（1）将 VAS6150B 专用诊断仪连接到汽车上，将点火开关置于________挡，启动 VAS6150B 专用诊断仪，在启动界面中选择“启动诊断”功能，如图 5-2-8 所示。

图 5-2-8　启动诊断

（2）启动之后在网络布局图中找到仪表控制单元 J285，如图 5-2-9 所示。

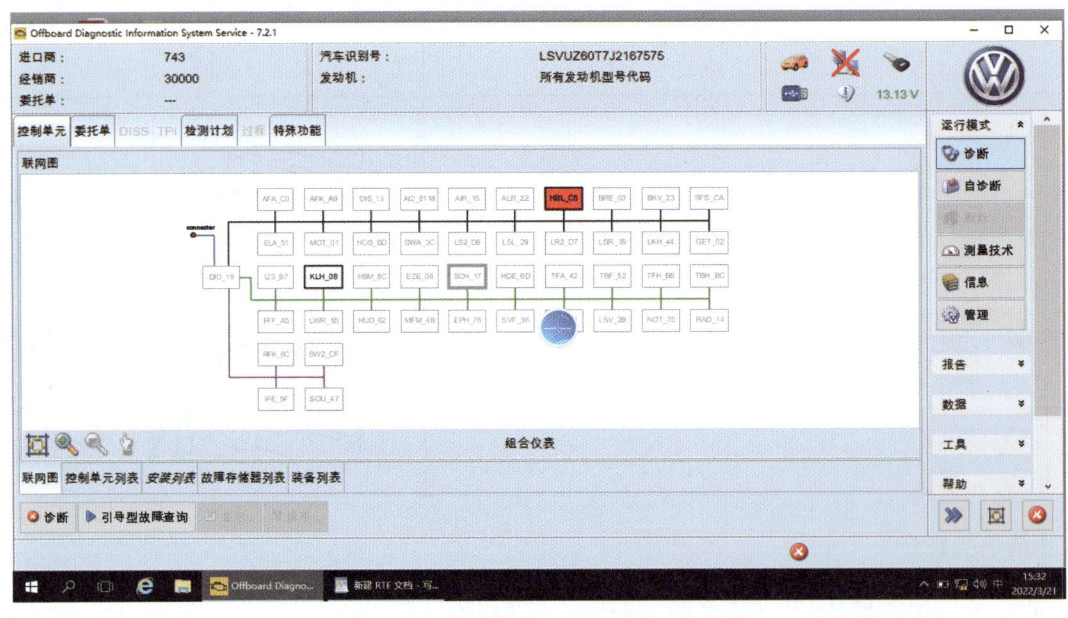

图 5-2-9　找到仪表控制单元 J285

（3）用鼠标右键单击仪表控制单元 J285，在弹出的菜单中选择__________，如图 5-2-10 所示。

（4）在“引导型功能”对话框中选择____________________，如图 5-2-11 所示。

（5）对组合仪表中的控制单元 J285 进行__________诊断，如图 5-2-12 所示。

（6）使用 VAS6150B 专用诊断仪驱动仪表系统，依次驱动__________、__________、声音输出、分级显示、背光等，查看仪表系统的性能是否良好，如图 5-2-13 所示。

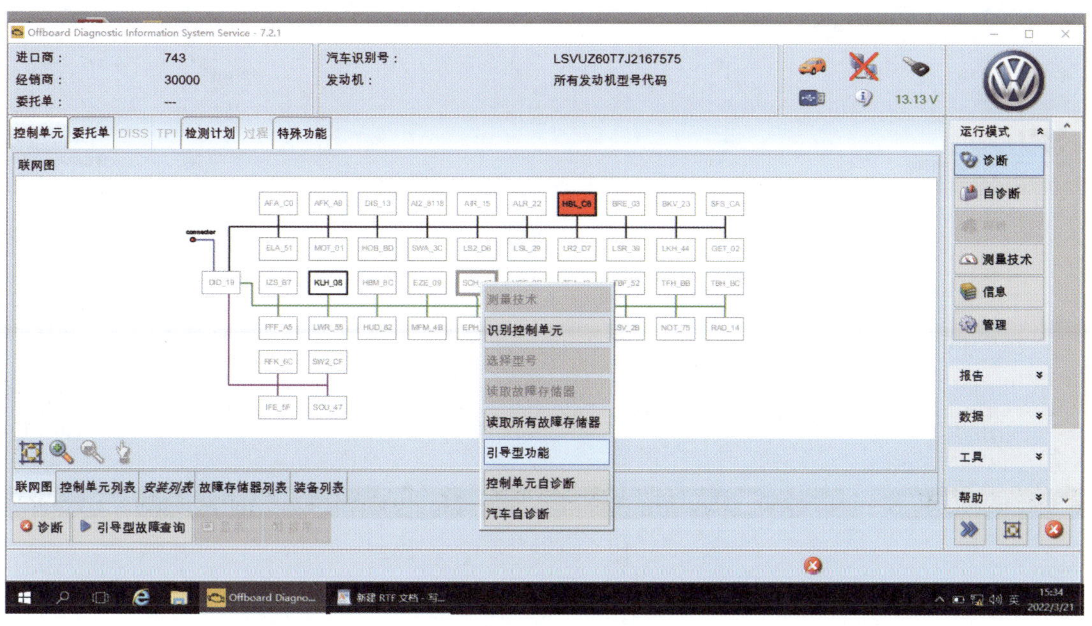

图 5-2-10　选择________

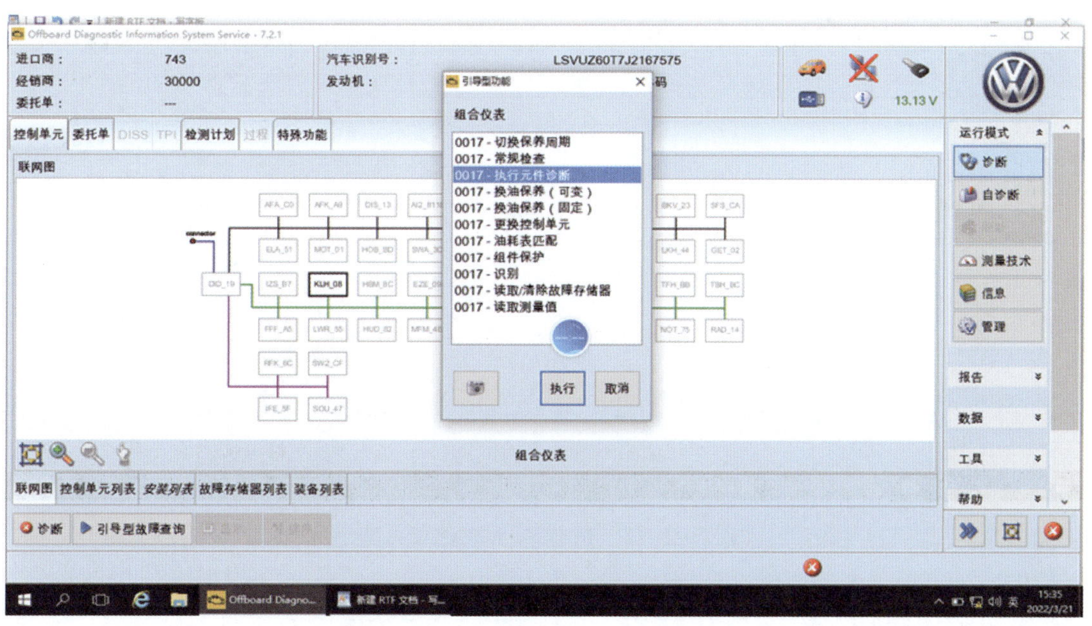

图 5-2-11　选择________________

图 5-2-12　进行________诊断

图 5-2-13　对仪表系统进行检查

（7）观察驱动期间仪表指针是否转动并复位，如果____________________，说明该仪表存在故障，需要更换，如图 5-2-14 所示。

（8）用 VAS6150B 专用诊断仪驱动仪表指示灯，观察驱动期间所有仪表指示灯是否能够点亮，如果___________，说明该指示灯存在故障，需要更换，如图 5-2-15 所示。

图 5-2-14　查看仪表系统是否正常

图 5-2-15　查看仪表指示灯是否正常

3．仪表系统的更换注意事项

（1）更换仪表系统时，要断开____________。

（2）不能分解仪表，组合仪表中所有指示灯都是 LED 灯，如果损坏不能单独更换，必须更换____________。

（3）拆装仪表时动作要轻，不能敲打仪表。

（4）仪表是卡在__________内的，需要比较用力才能将其拆下。

五、学习活动评价

学习活动评价见表 5-2-2。

表 5-2-2　　学习活动评价表

<table>
<tr><td>班级</td><td colspan="2"></td><td>姓名</td><td></td><td>学号</td><td></td><td>日期</td><td>年　月　日</td></tr>
<tr><td>序号</td><td colspan="5">评价要点</td><td>配分</td><td>得分</td><td>总评</td></tr>
<tr><td>1</td><td colspan="5">能正确识读和填写工作页，明确学习活动要求</td><td>10</td><td></td><td rowspan="9">A □（86 ~ 100 分）
B □（76 ~ 85 分）
C □（60 ~ 75 分）
D □（60 分以下）</td></tr>
<tr><td>2</td><td colspan="5">能查阅资料，写出仪表系统的组成</td><td>10</td><td></td></tr>
<tr><td>3</td><td colspan="5">能查阅资料，写出仪表系统的工作原理</td><td>10</td><td></td></tr>
<tr><td>4</td><td colspan="5">能按规范流程，完成仪表系统的拆卸</td><td>20</td><td></td></tr>
<tr><td>5</td><td colspan="5">能按规范流程，完成仪表系统的检查与更换</td><td>20</td><td></td></tr>
<tr><td>6</td><td colspan="5">能遵守劳动纪律，以积极的态度接受工作任务</td><td>10</td><td></td></tr>
<tr><td>7</td><td colspan="5">能积极参与小组讨论，发挥团队合作精神</td><td>10</td><td></td></tr>
<tr><td>8</td><td colspan="5">能及时完成教师布置的任务</td><td>10</td><td></td></tr>
<tr><td colspan="6">总　分</td><td>100</td><td></td></tr>
<tr><td>小结
建议</td><td colspan="8"></td></tr>
</table>

学习活动 3　仪表系统控制电路简单故障检修

学习目标

1. 能描述仪表系统控制电路的作用和组成。

2. 能进行仪表系统控制电路的识读。

3. 能分析并确定仪表系统控制电路的简单故障和原因。

4. 能进行仪表系统控制电路简单故障检修。

建议学时：4 学时。

学习过程

一、仪表系统控制电路的作用和组成

汽车仪表系统通过数据总线与__________________相连接，各种信号经微处理器运算并处理后，通过仪表进行显示；有些指示灯由________________控制，这样在线路出现问题时，会点亮故障报警信号，指示故障，向驾驶员警示。

仪表系统控制电路由______________、发动机控制模块 K20、车身控制模块 K9 以及各种传感器组成，从各个模块获取传感器的信息并进行显示。

二、仪表系统控制电路的识读

通过图 5–3–1 至图 5–3–3 所示的仪表系统控制电路图，可以分析得出以下结论：

1．燃油泵和燃油液位传感器总成将燃油存量的多少转变成电压信号，输送给____________________，发动机控制模块 K20 与组合仪表______之间进行数据通信，将燃油存量显示在燃油表中。组合仪表的 IGN 线是端子“____”，电源线是端子“____”，搭铁线是端子“____”。燃油泵和燃油液位传感器总成的端子“______”和发动机控制模块 K20 的 X3 端子“20”相连，是燃油泵和燃油液位传感器总成的搭铁线路。燃油泵和燃油液位传感器总成的端子“______”与发动机控制模块 K20 的 X3 端子“43”相连，是燃油泵和燃油液位传感器总成的控制线路。

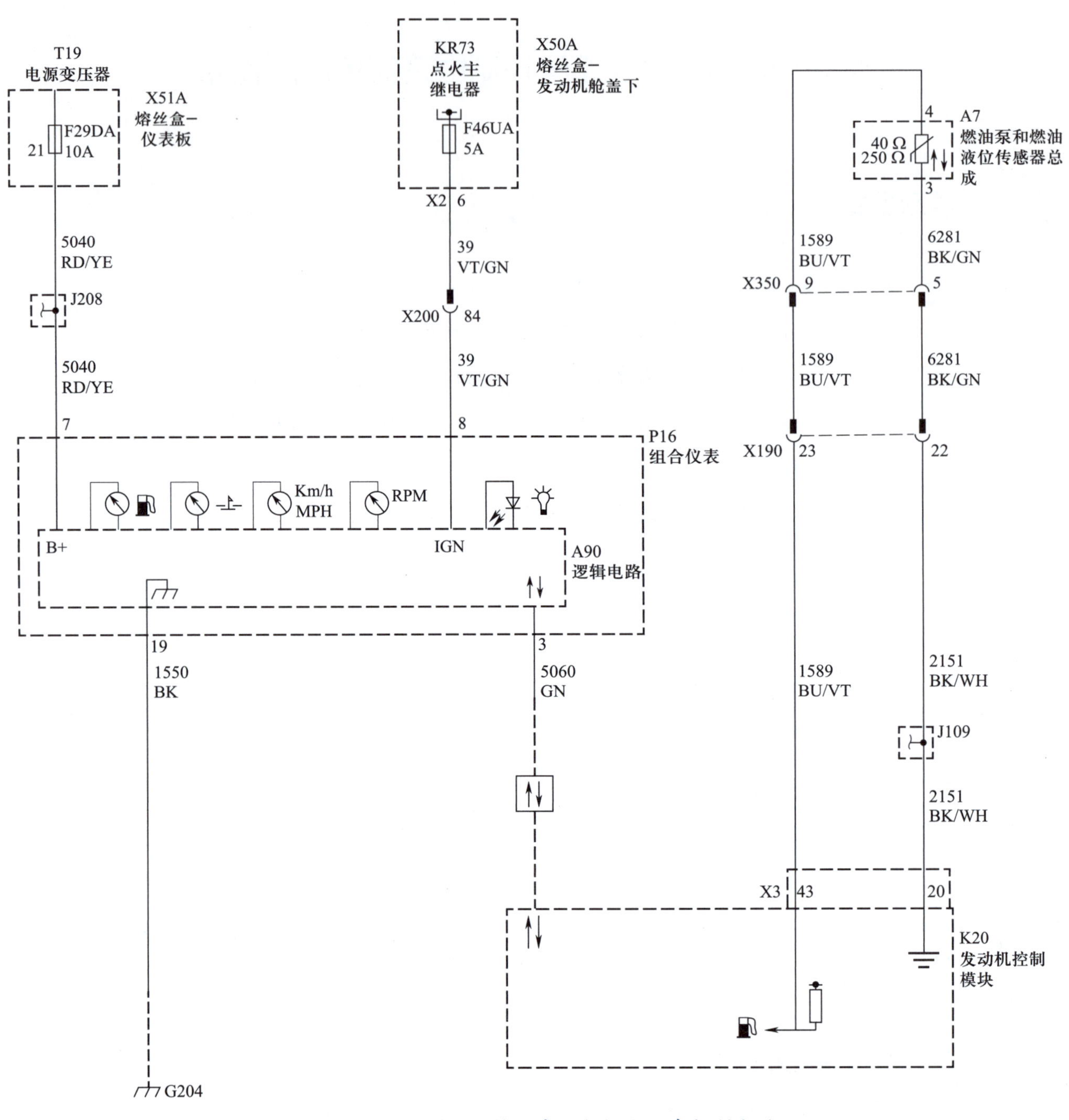

图 5-3-1　电源、搭铁、串行数据和仪表控制电路

2．发动机机油压力传感器 B37B 将机油压力信号转变成电压信号传送给____________，________分析并判断后通过数据总线将信号传送给组合仪表 P16，通过________报警。发动机机油压力传感器的端子“______”与发动机控制模块 K20 的 X2 端子“______”相连，是发动机机油压力传感器的电源线。发动机机油压力传感器的端子“______”与发动机控制模块 K20 的 X2 端子“______”相连，是发动机机油压力传感器的搭铁线。发动机机油压力传感器的端子“______”与发动机控制模块 K20 的 X2 端子“______”相连，是发动机机油压力传感器的信号线。

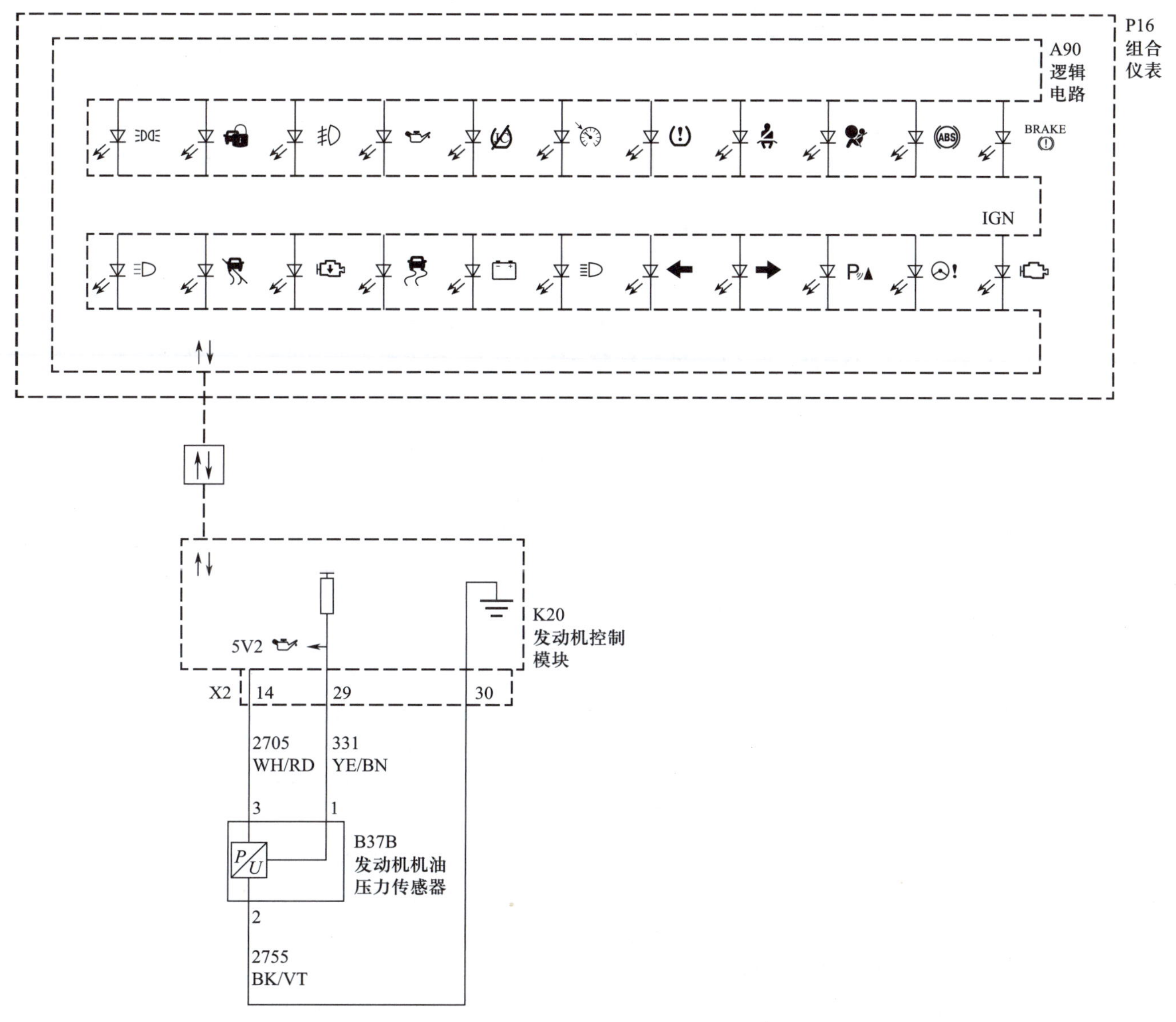

图 5-3-2　指示灯和发动机机油压力控制装置电路

3. ______________________将环境空气温度转变成电压信号输送到发动机控制模块 K20，发动机控制模块 K20 与组合仪表 P16 之间进行数据通信，将环境空气温度显示在组合仪表中。环境空气温度传感器的端子“______”与发动机控制模块 K20 的 X1 端子“47”相连，是环境空气温度传感器的控制线路；环境空气温度传感器的端子“______”与发动机控制模块 K20 的 X3 端子“______”相连，是环境空气温度传感器的搭铁线路。转向盘控制装置开关 S70R 将转向盘右侧的开关信号输出，经过 X2 端子“21”、X1 端子“9”送到组合仪表 P16 的端子“______”，通过驾驶员信息中心显示屏进行相关信息的显示。

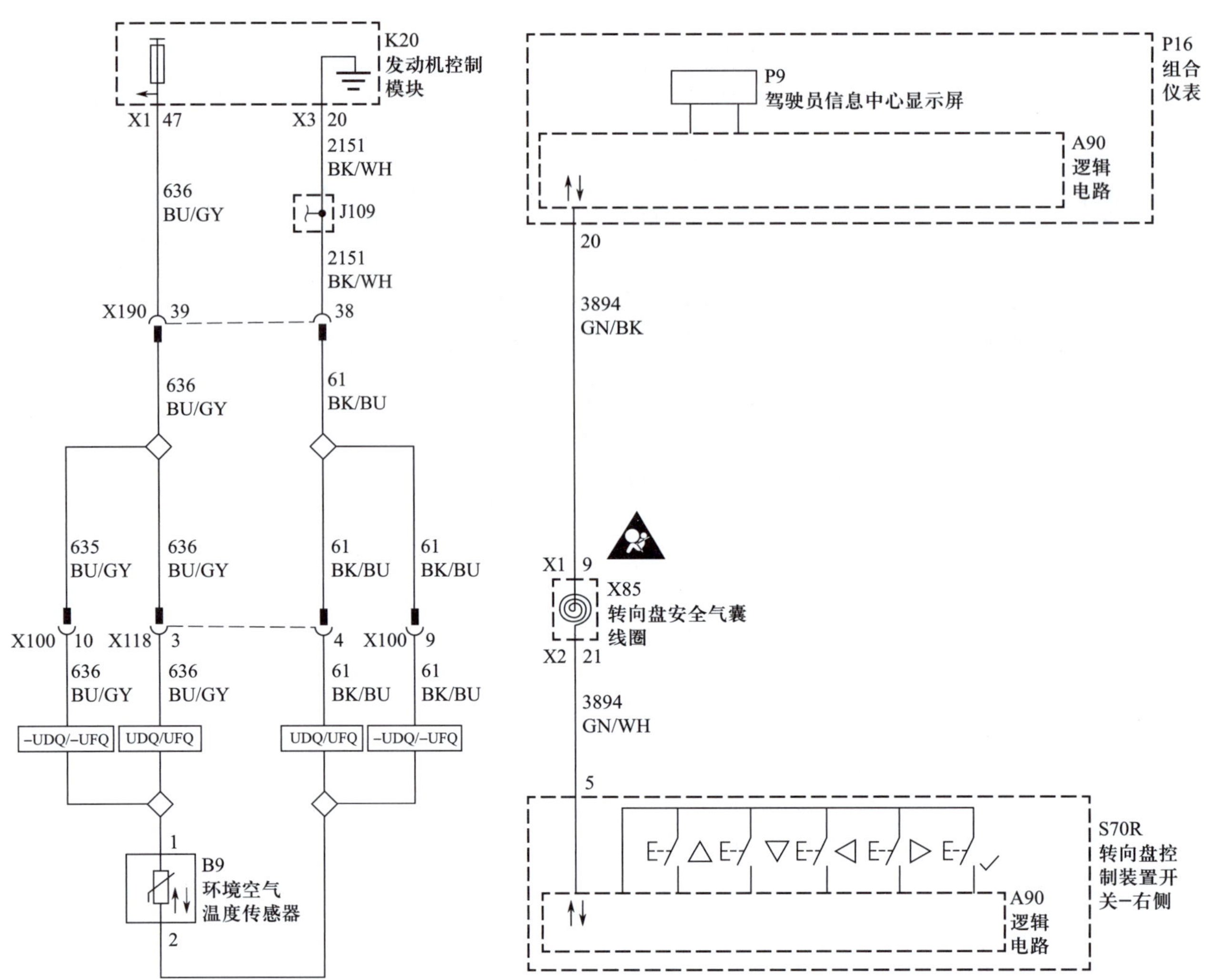

图 5-3-3　环境空气温度和驾驶员信息控制电路

三、仪表系统控制电路的常见故障

1．分析故障原因

查阅资料，在表 5-3-1 中写出仪表系统控制电路的故障现象及可能的故障原因。

表 5-3-1　仪表系统控制电路故障原因分析

故障现象	可能的故障原因
燃油表指示不准确	
发动机机油压力显示故障	

2．制定检修方案

（1）根据具体工作内容，明确小组成员分工，填写在表 5–3–2 中。

表 5–3–2　小组成员分工

姓名	分工

（2）根据要求列出检修所需主要工具及材料清单，填写在表 5–3–3 中。

表 5–3–3　检修所需主要工具及材料清单

序号	工具及材料名称	单位	数量	备注

（3）根据小组分工情况及客户要求，制定具体的检修工序，填写在表 5–3–4 中。

表 5–3–4　检修工序安排

序号	检修工序内容	备注

四、仪表系统控制电路简单故障检修

1．燃油表指示不准确故障检修

发生燃油表指示不准确故障时，应考虑从燃油泵和燃油液位传感器总成及搭铁电路进行检查，排除故障。

（1）测量燃油泵和燃油液位传感器总成及搭铁电路

测量燃油泵和燃油液位传感器总成端子“3”与搭铁之间的电阻应为________Ω。如果测得的电阻等于或大于 10 Ω，将点火开关置于“OFF”挡，断开发动机控制模块 K20 处的线束连接器 X3，测试发动机控制模块 K20 的 X3 端子“20”与燃油泵和燃油液位传感器总成的端子“3”之间的电阻是否小于 2 Ω。如果测得的电阻大于或等于 2 Ω，说明该搭铁电路中存在__________故障，应更换端子“3”所在线路。

（2）测量燃油泵和燃油液位传感器总成控制电路

将点火开关置于“OFF”挡，断开发动机控制模块 K20 处的线束连接器 X3，如图 5-3-4 所示。

图 5-3-4　断开发动机控制模块 K20 处的线束连接器 X3

用万用表测量燃油泵和燃油液位传感器总成端子“4”与搭铁之间的电阻应为__________。如果测得的电阻不为无穷大，说明电路中存在短路故障。将点火开关置于“ON”挡，测量 K20 线束连接器的 X3 端子“43”与搭铁之间的电压是否小于 1 V。如果测得的电压等于或大于 1 V，如图 5-3-5 所示，说明端子“43”到燃油泵和燃油液位传感器总成端子“4”的控制电路中存在______________故障，需更换。

如果测得的电压小于 1 V，将点火开关置于“OFF”挡，测量 K20 线束连接器 X3 端子“43”与燃油泵和燃油液位传感器总成端子“4”之间的电阻是否小于 2 Ω。如果测得的电阻大于或等于 2 Ω，说明端子“43”所在控制电路中存在____________故障，应更换。如果测得的电阻小于 2 Ω，说明故障在发动机控制模块，则应更换发动机控制模块 K20。

图 5-3-5　测量 K20 线束连接器 X3 的端子“43”与搭铁之间的电压

（3）测试燃油泵和燃油液位传感器总成部件

将点火开关置于“OFF”挡，拆下燃油泵和燃油液位传感器总成，在燃油泵和燃油液位传感器总成所处范围内测量端子“4”与低电平参考电压端子“3”之间的电阻值为____________Ω。查看测量最小电阻是否为 37 ~ 43 Ω，最大电阻是否为 245 ~ 255 Ω，且电阻没有突然增大或减小的情况。如果最小电阻不为 37 ~ 43 Ω，最大电阻不为 245 ~ 255 Ω，或有电阻突然增大或减小的情况，说明____________异常，应更换该传感器总成。

2．发动机机油压力显示故障检修

发生发动机机油压力显示故障时，应考虑从发动机机油压力传感器及控制电路进行检查，排除故障。

（1）测量发动机机油压力传感器搭铁电路

测量发动机机油压力传感器搭铁电路端子“2”（见图 5-3-6）与搭铁之间的电阻应为________ Ω。

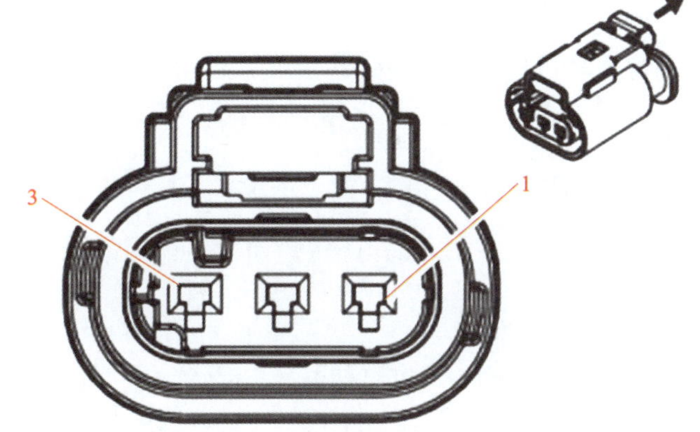

图 5-3-6　发动机机油压力传感器

如果测得的电阻等于或大于 10 Ω，将点火开关置于“OFF”挡，断开发动机控制模块 K20 的线束连接器 X2，如图 5-3-7 所示，测量该传感器的端子“2”与发动机控制模块 K20 的线束连接器 X2 的端子“30”之间的电阻应为______Ω。如果测得的电阻大于或等于 2 Ω，说明端子“2”所在电路存在________故障，应更换端子“2”所在电路。

图 5-3-7　断开发动机控制模块 K20 的线束连接器 X2

（2）测量发动机机油压力传感器电源电路

将点火开关置于“ON”挡，测得发动机机油压力传感器端子“3”（参考电压为 5 V）与搭铁之间的电压为______ V。

如果测得的电压小于 4.8 V，将点火开关置于“OFF”挡，断开发动机控制模块 K20 的线束连接器 X2，测得 K20 的端子“14”与搭铁之间的电阻为______Ω。如果测得的电阻不为无穷大，说明端子“14”所在电路中存在__________故障，应检修端子“14”到端子“3”之间的电路。如果测得的电阻为无穷大，则继续测得端子“14”到端子“3”之间电路的端对端电阻为______Ω。如果测得的电阻大于或等于 2 Ω，说明端子“14”到端子“3”之间的电路中存在__________故障，应检修端子“14”到端子“3”所在电路。如果测得的电阻小于 2 Ω，说明发动机控制模块 K20 故障，应更换。

如果测得发动机机油压力传感器端子“3”的电压大于 5.2 V，将点火开关置于“OFF”挡，断开发动机控制模块 K20 处的线束连接器 X2，再将点火开关置于“ON”挡，测得端子“14”所在电路与搭铁之间的电压为____V。如果测得的电压等于或大于 1 V，说明端子“14”所在电路中存在__________故障，应更换端子“14”所在电路。如果测得的电压小于 1 V，说明故障在发动机控制模块 K20，则应更换发动机控制模块 K20。

（3）测量发动机机油压力传感器信号电路

将点火开关置于“OFF”挡，断开发动机控制模块 K20 的线束连接器 X2，再将点火开关置于“ON”挡，测得信号电路端子“1”与搭铁之间的电压应为______ V。如果测得的电压等于或大于 1 V，说明信号电路存在__________故障，应检修信号电路。如果测得的电压小于 1 V，说明发动机控制模块 K20 有故障，应更换发动机控制模块 K20。

将点火开关置于“OFF”挡，断开发动机控制模块 K20 的线束连接器 X2，测得信号电路端子“1”与搭铁之间的电阻应为________。如果测得的电阻不为无穷大，说明电路中存在__________故障，应检修信号电路。如果测得的电阻为无穷大，则测量信号电路的端对端电阻应为______Ω。如果测得的电阻大于或等于 2 Ω，说明电路中存在________故障，应检修信号电路。如果测得的电阻小于 2 Ω，说明发动机控制模块 K20 有故障，应更换发动机控制模块 K20。

（4）测试发动机机油压力传感器

测试发动机机油压力传感器 B37B，若 B37B 故障，应更换，如图 5-3-8 所示。

图 5-3-8　测试发动机机油压力传感器 B37B

五、学习活动评价

学习活动评价见表 5-3-5。

表 5-3-5　学习活动评价表

<table>
<tr><td>班级</td><td></td><td>姓名</td><td></td><td>学号</td><td></td><td>日期</td><td>年　月　日</td></tr>
<tr><td>序号</td><td colspan="5">评价要点</td><td>配分</td><td>得分</td><td>总评</td></tr>
<tr><td>1</td><td colspan="5">能正确识读和填写工作页，明确学习活动要求</td><td>10</td><td></td><td rowspan="9">A □（86 ~ 100 分）
B □（76 ~ 85 分）
C □（60 ~ 75 分）
D □（60 分以下）</td></tr>
<tr><td>2</td><td colspan="5">能查阅资料，写出仪表系统控制电路的作用</td><td>10</td><td></td></tr>
<tr><td>3</td><td colspan="5">能查阅资料，写出仪表系统控制电路的组成和工作原理</td><td>10</td><td></td></tr>
<tr><td>4</td><td colspan="5">能查阅资料，写出仪表系统控制电路常见故障的原因</td><td>10</td><td></td></tr>
<tr><td>5</td><td colspan="5">能按规范流程，完成仪表系统控制电路简单故障检修</td><td>30</td><td></td></tr>
<tr><td>6</td><td colspan="5">能遵守劳动纪律，以积极的态度接受工作任务</td><td>10</td><td></td></tr>
<tr><td>7</td><td colspan="5">能积极参与小组讨论，发挥团队合作精神</td><td>10</td><td></td></tr>
<tr><td>8</td><td colspan="5">能及时完成教师布置的任务</td><td>10</td><td></td></tr>
<tr><td colspan="6">总　分</td><td>100</td><td></td></tr>
<tr><td>小结
建议</td><td colspan="8"></td></tr>
</table>

学习活动 4　工作总结与评价

学习目标

1. 能以小组形式，对学习过程和成果进行总结。
2. 能完成对学习过程的综合评价。

建议学时：2 学时。

学习过程

一、工作总结

在世界技能大赛中，选手应具有一定的组织规划、沟通、创新等能力，这在实际的生产工作中是十分必要的。以小组为单位，选择演示文稿、展板、海报、视频等形式中的一种或几种，向全班展示、汇报学习成果。

二、综合评价

针对本任务的学习情况，根据表 5-4-1 所列综合评价标准进行评分。

表 5-4-1　综合评价标准

评价项目	评价内容及标准	配分	评分		
			自我评价	小组评价	教师评价
工作组织和管理	团队合作，合理计划，高效管理时间	3			
	定期检查工作进展和效果	3			
	保证高质量完成工作	4			
沟通能力	深度咨询客户，完全理解其要求	10			
	提供明确说明，准确回答客户的疑问	10			
计划创新能力	及时处理工作中遇到的问题	10			
	提出创新性、可行性建议，提高客户满意度	10			

续表

评价项目	评价内容及标准	配分	评分		
			自我评价	小组评价	教师评价
专业知识	具备仪表系统的组成、功能和原理等知识	5			
	具备仪表系统故障检修知识	10			
实践能力	具备仪表系统的检查与更换技能	10			
	具备仪表系统控制电路的识读技能	15			
	具备仪表系统控制电路故障检修技能	10			
学生姓名		综合评价得分			
指导教师		日期			

三、学习任务五整体评价

学习任务五整体评价见表 5-4-2。

表 5-4-2　学习任务五整体评价表

项目	自我评价			小组评价			教师评价		
	10～9 分	8～6 分	5～1 分	10～9 分	8～6 分	5～1 分	10～9 分	8～6 分	5～1 分
	占总评 10%			占总评 30%			占总评 60%		
学习活动 1									
学习活动 2									
学习活动 3									
学习活动 4									
组织能力									
协作精神									
纪律观念									
表达与分析能力									
工作态度									
任务总体表现									
小计分									
总评分									

世赛知识

车身电气在世赛汽车技术项目中的应用

汽车技术项目是世界技能大赛中参赛国家最多的项目之一，也是竞争较激烈的项目之一。本项目考核汽车维修企业汽车维修技师岗位的职业能力。

汽车维修技师的主要工作为检测、诊断、维护、修理及更换零部件。在汽车维修企业里，汽车维修技师的工作要求是快速、准确地诊断故障并完成维修工作。汽车维修技师应掌握汽车机械、电气、电子、控制以及各系统集成的知识，具有对各种车型熟练操作的技能，并具备良好的体能。汽车技术项目竞赛将全面展现年轻汽车维修技师的职业技能和职业素养，引领汽车维修职业教育和汽车维修行业的发展。

第 46 届世界技能大赛汽车技术项目参照世界技能大赛的技术要求，考核 9 个模块，包括 A 发动机管理，B 发动机诊断，C 车身电气，D 电气构建，E 制动系统，F 定位、转向与悬架，G 发动机测试，H 发动机测量以及 I 新能源汽车。汽车技术项目考核模块、考试时间及配分比例详见表 5–4–3。比赛在三天内完成，比赛时间总计 12 小时。

表 5–4–3　汽车技术项目考核模块、考试时间及配分比例

第 46 届世界技能大赛汽车技术项目			第 45 届世界技能大赛汽车技术项目		
考核模块	考试时间	配分比例	考核模块	考试时间	配分比例
A 发动机管理	1.5 小时	15%	A 发动机管理	2 小时	15%
B 发动机诊断	1.5 小时	15%	B 发动机诊断	2 小时	15%
C 车身电气	1.5 小时	15%	C 车身电气	2 小时	15%
D 电气构建	1.5 小时	12%	D 电气构建	2 小时	15%
E 制动系统	1 小时	10%	E 制动系统	2 小时	10%
F 定位、转向与悬架	1.5 小时	10%	F 定位、转向与悬架	1.5 小时	7%
G 发动机测试	1.5 小时	10%	G 发动机测试	2 小时	10%
H 发动机测量	1.5 小时	10%	H 发动机测量	2 小时	10%
I 新能源汽车	0.5 小时	3%	I 新能源汽车	0.5 小时	3%
合计	12 小时	100%	合计	16 小时	100%

汽车车身电气是汽车技术项目中的 C 模块，参赛选手需要应用车身电气系统原理知识完成系统性能检查、故障诊断等工作。下面为第 45 届世界技能大赛汽车技术项目中国集训队训练样题。

模块 C：车身电气

使用设备：广汽丰田凯美瑞 2020 款 2.0E 领先版。

竞赛时间：2 小时。

作业说明：

1．完成专业英语翻译。

2．根据报告单检查、诊断并维修各电气系统。

3．检修顺序可自由切换，开始检修每个系统前需告知裁判。

4．选手发现故障后应向裁判展示及在电路图上指出故障位置，并在报告单上记录。

5．只有展示故障、记录故障都正确，选手才能根据裁判的指示修复故障。作业内容和报告单见表 5-4-4。

表 5-4-4　作业内容和报告单

序号	项目	评分点	说明	配分	得分
1	工作组织和安全（6 分）	检查准备	准备工具，检查并查看电路图	1	
		车辆防护	车内四件套、车外三件套、驻车制动、车轮挡块	1	
		插好废气抽排管	应在发动机第一次起动前插好	1	
		检查发动机机油和冷却液	起动发动机前进行检查	1	
		测量蓄电池电压	发现异常应及时汇报	2	
2	供电及充电（18 分）	故障 1：展示故障		3	
		指出故障在电路图中的位置并记录		2	
		修复故障，验证功能		1	
		故障 2：展示故障		3	
		指出故障在电路图中的位置并记录		2	
		修复故障，验证功能		1	
		故障 3：展示故障		3	
		指出故障在电路图中的位置并记录		2	
		修复故障，验证功能		1	
3	外部灯光和内部灯光（18 分）	故障 4：展示故障		3	
		指出故障在电路图中的位置并记录		2	
		修复故障，验证功能		1	
		故障 5：展示故障		3	
		指出故障在电路图中的位置并记录		2	
		修复故障，验证功能		1	
		故障 6：展示故障		3	
		指出故障在电路图中的位置并记录		2	
		修复故障，验证功能		1	

续表

序号	项目	评分点	说明	配分	得分
4	电动车窗、中控门锁、后视镜（24分）	故障7：展示故障		3	
		指出故障在电路图中的位置并记录		2	
		修复故障，验证功能		1	
		故障8：展示故障		3	
		指出故障在电路图中的位置并记录		2	
		修复故障，验证功能		1	
		故障9：展示故障		3	
		指出故障在电路图中的位置并记录		2	
		修复故障，验证功能		1	
		故障10：展示故障		3	
		指出故障在电路图中的位置并记录		2	
		修复故障，验证功能		1	
5	信号、喇叭、刮水器（18分）	故障11：展示故障		3	
		指出故障在电路图中的位置并记录		2	
		修复故障，验证功能		1	
		故障12：展示故障		3	
		指出故障在电路图中的位置并记录		2	
		修复故障，验证功能		1	
		故障13：展示故障		3	
		指出故障在电路图中的位置并记录		2	
		修复故障，验证功能		1	
6	空调系统（6分）	故障14：展示故障		3	
		指出故障在电路图中的位置并记录		2	
		修复故障，验证功能		1	
7	任务完成（5分）	拆装件安装到位		1	
		无车辆、零件损坏，身体无受伤		2	
		所有工具清洁并复位		2	
8	英语翻译（5分）	完成专业英语翻译	在比赛前5分钟完成英语试卷	5	
合计				100	